新白話六法系列 019

票據法

增訂第二版

林勝安、闕廷諭、王財驛·編著

THE LAW

書泉出版社 印行

出版緣起

　　談到法律，會給您什麼樣的聯想？是厚厚一本《六法全書》，或是莊嚴肅穆的法庭？是《洛城法網》式的腦力激盪，或是《法外情》般的感人熱淚？是權利義務的準繩，或是善惡是非的分界？是公平正義、弱勢者的保障，或是知法玩法、強權者的工具？其實，法律儘管只是文字、條文的組合，卻是有法律學說思想作為基礎架構。法律的制定是人為的，法律的執行也是人為的，或許有人會因而認為法律是一種工具，但是卻忽略了：法律事實上是人心與現實的反映。

　　翻閱任何一本標題為《法學緒論》的著作，對於法律的概念，共同的法學原理原則及其應用，現行法律體系的概述，以及法學發展、法學思想的介紹……等等，一定會說明清楚。然而在我國，有多少人唸過《法學概論》？有識之士曾嘆：我國國民缺乏法治精神、守法觀念。問題就出在：法治教育的貧乏。試看九年國民義務教育的教材，在「生活與倫理」、「公民與道德」之中，又有多少是教導未來的主人翁們對於「法律」的瞭解與認識？除了大學法律系的培育以外，各級中學、專科與大學教育中，又有多少法律的課程？回想起自己的求學過程，或許您也會驚覺：關於法律的知識，似乎是從報章雜誌上得知的占大多數。另一方面，即使是與您生活上切身相關的「民法」、「刑法」等等，其中的權利是否也常因您所謂的

「不懂法律」而睡著了？

　　當您想多充實法律方面的知識時，可能會有些失望的。因為《六法全書》太厚重，而一般法律教科書又太艱深，大多數案例式法律常識介紹，又顯得割裂不夠完整……

　　有鑑於此，本公司特別邀請法律專業人士編寫「白話六法」叢書，針對常用的法律，作一完整的介紹。對於撰文我們要求：使用淺顯的白話文體解說條文，用字遣詞不能艱深難懂，除非必要，儘量避免使用法律專有名詞。對於內容我們強調：除了對法條作字面上的解釋外，還要進一步分析、解釋、闡述，對於法律專有名詞務必加以說明；不同法規或特別法的相關規定，必須特別標明；似是而非的概念或容易混淆的觀念，一定舉例闡明。縱使您沒有受過法律專業教育，也一定看得懂。

　　希望這一套叢書，對普及法律知識以及使社會大眾深入瞭解法律條文的意義與內容等方面都有貢獻。

序 言

　　票據法是規範票據使用的法律，所謂票據，指的是匯票、本票、支票三種，其中匯票、本票是信用證券，支票則為支付證券，票據可以節省現金之使用，可以擴張信用，所以在工商社會是一種重要的支付工具。

　　本書設法以淺顯的白話語文，解說三種票據的內容，並以實體展示給讀者參考，使初學者容易入門，為了使本書內容生活化、實用化，對於很多法條規定，盡量舉實例說明，俾讀者收受票據時，不會吃虧上當，例如什麼叫做芭樂票？如何防止收到芭樂票？收到芭樂票又該如何處理？何謂玩具本票？如何防止本票發票人詐欺錢財？票據消滅時效都很短，如何遵期提示？若不小心逾期提示，如何補救？對於抬頭又禁止背書轉讓的票據，如何透過背書取款等等？本書都有詳細的說明，所以本書不但可讓讀者一窺票據的面目，而且是確保讀者權益的工具書。

　　又本書採逐條釋義的方式編撰，參加法官、律師考試的讀者，先把本書從第1條到第144條詳讀，有了完整概念，再去讀題解書，當能收事半功倍之效。

票據法

本書承蒙五南主編靜芬、肇昌惠賜許多卓見，協助詳細校對，無任感激，惟筆者等才書學淺，如有疏誤之處，祈盼先進有以正之，幸甚！

林勝安
關廷諭　謹誌　110年10月10日
王財驛

凡　例

（一）本書之法規條例，依循下列方式輯印：

1. 法規條文，悉以總統府公報為準，以免坊間版本登載歧異之缺點。
2. 法條分項，以①、②、③……符號，與另項區別。

（二）本書體例如下：

1. 導讀：針對該法之立法理由、立法沿革、立法準則等逐一說明，並就該法之內容作扼要簡介。
2. 條文要旨：置於條次之後，以（　　）表示。
3. 解說：於條文之後，以淺近白話解釋條文意義及相關規定。
4. 實例：於解說之後舉出實例，並就案例狀況與條文規定之牽涉性加以分析說明。

（三）參照之法規，以簡稱註明。條、項、款及判解之表示如下：

條：1、2、3……

項：Ⅰ、Ⅱ、Ⅲ……

款：①、②、③……

但書規定：但

前段：前、後段：後

司法院三十四年以前之解釋例：院……

司法院三十四年以後之解釋例：院解……

票據法

大法官會議解釋：釋……

最高法院判例：……台上……

行政法院判例：……判……

沿　革

1. 民國18年10月30日國民政府制定公布全文139條。
2. 民國43年5月14日總統令修正公布第123條條文。
3. 民國49年3月31日總統令修正公布全文145條。
4. 民國62年5月28日總統令修正公布第6、8、11、13、14、16、18、19、22、23、25、29、30～34、37、41、46、47、49、64、65、67、71、73、76、85～87、99～101、111、114、116、120、124、125、128、130、131、135、138、139、141、144、145條條文；並增訂第146條條文。
5. 民國66年7月23日總統令修正公布第4、127、139、141條條文。
6. 民國75年6月29日總統令修正公布第4、127、139條條文；並增訂第144-1條條文。
7. 民國76年6月29日總統令公布刪除第144-1條條文。
   財政部、法務部公告第141、142條之施行期限，已於75年12月31日屆滿當然廢止。
   民國101年6月25日行政院公告第4條第2項所列屬「財政部」之權責事項，經行政院公告自93年7月1日起變更為「行政院金融監督管理委員會」管轄，自101年7月1日起改由「金融監督管理委員會」管轄。

目 錄
Contents

|第一章|

通 則

> **第1條**（票據之種類）
> 本法所稱票據，為匯票、本票及支票。

解說

所謂票據，指的是匯票、本票、支票三種，其中匯票、本票是信用證券，支票則為支付證券，票據可以節省現金之使用，可以擴張信用，所以在工商社會是一種重要的支付工具。

(一) 票據之意義：

票據，乃發票人記載一定之日期、地點，並簽名於票據上，無條件約定由自己或委託他人，以支付一定金額為目的之有價證券。依我國票據法第1條之規定，所稱票據，包括匯票、本票及支票。

(二) 票據之種類：

依本條規定，有匯票、本票、支票三種，詳如第2條、第3條及第4條第1項之敘述。

(三) 票據之功能：

1. 匯兌功能

進行商業貿易，如須異地或遠地送款，所負風險過大，若以匯票、本票、支票代替現金之運送，則可免

除上述風險。

2. 信用功能

商業貿易以往均以現金交易之方式進行，但如交易金額龐大，則不具交易安全性，故在交易繁複之情形，常利用票據之交付以代現金之支付，又企業間如所授受之票據為遠期票據時，則無異以票據擴大商業信用，故票據又具信用功能。

3. 支付功能

近年商業交易繁複，逐漸以票據代替大量現金作為支付之工具，如此具有節約現金運送時間、避免錯誤、降低給付風險與減少運送費用功能。

4. 保證功能

為商業交易時，執票人可要求發票人簽發票據與執票人，保證一定法律關係之履行，於一定關係履行後，執票人即退還該票據給發票人，亦即利用票據簽發，代替人保與物保之保證地位。

5. 資金流向證明功能

現金交付，並無法證明整個資金流程，利用票據代替現金為支付工具，則因票據法之規定，可將整個資金流向保存，作為賦稅或訴訟證據之用。

6. 節約通貨功能

票據得記載任何金額，可充當貨幣之用，具有節約通貨發行之功能。

(四) 票據行為之意義與性質：

1. 意義

所謂票據行為，乃指以發生或移轉票據權利義務為目

的，於票據上所為之法律行為。匯票之票據行為有發票、承兌、背書、保證與參加承兌五種；本票之票據行為有發票、背書與保證三種；支票之票據行為則為發票及背書。發票為票據之基本票據行為，係指創造票據關係之基本行為；承兌、參加承兌、背書及保證則為附屬票據行為，係以基本票據行為存在為前提，所為之附加行為。

2. 性質

票據行為乃以發生票據關係為目的之法律行為，票據行為雖為法律行為之一種，但因票據行為係證券上特殊之法律行為，具有獨立性，與一般法律行為中共同行為之性質不符，故僅就契約行為與單獨行為之性質說明如下：

(1) 契約說：乃雙方之契約行為，並須交付

按票據之作成，必須以當事人成立契約為前提，換言之，票據依據契約所生，票據行為係以雙方當事人之合意，以書面為之（要式契約）並交付該票據（要物契約）而成立，故票據權利義務之產生，必須有票據之交付，在交付以前，該票據之權利義務尚未發生。

(2) 單獨行為說：乃一方之單獨行為

票據行為經票據債務人之一方行為即可成立，故認為票據行為之性質應為單獨行為。此說因票據行為是否僅由發票人單獨書面完成即可成立為標準，又可分為創造說與發行說兩種。

① 創造說：不須交付

所謂創造說，係指發票人僅須有作成票據之單獨
意思表示，而簽名於其上，即完成該票據。換言
之，票據債務係依據票據行為人簽名為要件之單
獨行為，不須有交付之行為。縱使該簽名之票
據，違反票據行為人之意思表示，非因發票人交
付，但因其他原因，例如遺失或被盜而歸於第三
人時，仍無礙於該票據債務之發生。

②發行說：必須交付

所謂發行說，係指票據行為除須作成證券外，尚
須發票人有基於使他人占有該票據之意思表示，
而交付票據時，票據之權利義務始發生。換言
之，票據行為之完成，必須符合作成票據與交付
票據兩要件。

3. 權利外觀理論

(1) 權利外觀理論之法理基礎

基本上，如要完全貫徹契約說或單獨行為中發行說
之主張，若票據行為人尚未交付票據，票據行為並
未完成，理論上即不負票據債務之責任；惟為免有
礙票據之流通，損及交易安全，學說上亦普遍例外
承認票據行為人應負擔票據債務，以保證善意執票
人。質言之，如就票據行為之性質採契約說或發行
說，則對於欠缺交付要件之票據行為，學理上應兼
採權利外觀理論予以補充，以保護善意執票人，並
促進票據之流通。

所謂權利外觀理論，乃認為票據行為之成立，雖應
以票據之交付為必要，但即使有所欠缺，若票據行

爲人已完成簽名行爲，造成有效負擔票據債務之外
觀，而引起第三人之信賴，則該票據行爲人，應依
票據之外觀，對善意執票人負責。

(2) 權利外觀理論之適用要件

① 可歸責性：是指票據行爲人對於自己所認識或可
得認識之簽名，即應負其責任；但如係受絕對強
制行爲之控制而簽名於票據，或屬於無權代理、
簽名之僞造、或欠缺票據能力之情形，因無歸責
之可能性，則不符合歸責性原則。換言之，票據
行爲人只要基於作成票據之意思而簽名，即具
可歸責性，至於有無使票據流通之意思，在所不
問。

② 善意：就執票人應具備善意主觀要件而言，因票
據行爲欠缺交付要件與善意取得之利害狀況，似
具有相當之類似性，故善意之認定標準，應與票
據法第14條有關善意取得人必須無惡意或重大過
失爲相同之解釋。

(五) 票據行爲之特性：

1. 書面性

票據爲完全有價證券，亦即票據權利之發生必須作成
票據，票據權利之移轉必須交付票據，票據權利之行
使必須提示票據，而以票據表彰票據權利，故票據行
爲具有書面性，而票據行爲，有於票據之正面爲之，
亦有於票據之背面爲之，其詳如後述。

2. 要式性

票據行爲之要式性，是基於票據行爲之書面性而來，

係指票據行為必須符合具備法定之要件，始能有效成
立（票24、31、43、54、59、120、124）。

3. 文義性

票據行為之文義性，係指票據行為之內容，一切依票
據上所載文義為準，縱使該記載與原因關係不相符，
亦不許當事人以票據外之證明方式變更或補充之，故
簽名於票據上者，須依票據上之文義負責（票5Ⅰ）。

4. 無因性

票據行為之無因性，係票據行為成立後，縱然票據行
為之實質關係（即原因關係）有瑕疵，但該票據行為
不受該瑕疵而影響其效力。惟應注意者，票據行為之
無因性在直接當事人間雖不適用，直接當事人仍得主
張人的抗辯事由抗辯之（票13），但票據行為為不要
因行為，執票人不負證明關於給付原因之責任，如票
據債務人主張執票人取得票據出於惡意或詐欺時，則
應由該債務人負舉證之責，亦即無因性在間接當事人
之間仍有其適用。

5. 獨立性

獨立性又稱獨立原則，係指票據之承兌、背書、保證
等行為，雖以發票行為為前提，而存在著前後關係，
但各種票據行為實質上有效否，並不受其他票據行為
之影響，例如先前之票據行為無效或被撤銷時，並不
影響後票據行為之效力。

張三於民國110年8月1日簽發新台幣一百萬元本票一紙，到期日爲110年8月31日，交付予李四，作爲購買電腦被動元件的貨款之用。嗣因李四被動元件廠因疫情缺貨，不能如期交貨，張三乃解除與李四的買賣契約，張三要求李四返還上開本票，李四以該本票已轉讓王五爲由，拒不返還。請問張三可否拒絕付款？

(一) 本票爲無因證券，票據行爲之無因性，係票據行爲成立後，縱然票據行爲之實質關係（即原因關係）有瑕疵，但該票據行爲不受該瑕疵而影響其效力。

(二) 本題張三於民國110年8月1日簽發新台幣一百萬元本票一紙，到期日爲110年8月31日，作爲購買電腦被動元件的貨款之用，該本票的要式既已完成，張三已簽名於本票，即應依其簽名負文義票據之責任。

(三) 因此，張三不得主張其簽發本票之原因在於購買電腦被動元件，而購買電腦被動元件之契約業已解除，對抗善意之第三人王五，亦即張三不得拒絕付款。

第2條（票據之定義）
稱匯票者，謂發票人簽發一定之金額，委託付款人於指定之到期日，無條件支付與受款人或執票人之票據。

解說

　　匯票顧名思義是用來匯款的一種票據，例如在台中郵局買

一張匯票，匯款寄到台北的木柵郵局，供考選部領取，就完成匯款繳納報名費的手續。

(一) 稱匯票者，謂發票人簽發一定之金額，委託付款人於指定之到期日，無條件支付與受款人或執票人之票據。匯票之付款人並不限於金融業，亦得為金融業以外之法人或自然人。又匯票在該票據必須表明其為匯票之文字，若未表明，只是一般負債之證明文件，本票、支票亦然。

(二) 早期銀行不普及，也沒有ATM轉帳，更沒有超商代收繳款，所以學子參加國考，必須到郵局買匯票繳報名費，再將匯票連同報名表掛號郵寄到考選機關，早期筆者經常參加各種國考，所以也常常買郵政匯票。

(三) 茲圖示銀行匯票之正反面供讀者參考：

第3條（本票之定義）

稱本票者，謂發票人簽發一定之金額，於指定之到期日，由自己無條件支付與受款人或執票人之票據。

解說

　　本票顧名思義是由發票人本人來付款，與匯票、支票是由第三人付款有別。

(一) 稱本票者，謂發票人簽發一定之金額，於指定之到期日，由自己無條件支付與受款人或執票人之票據。本票之發票人不限於銀行，若為銀行所發行，稱為銀行本票；若為商人發行，稱為商業本票；一般自然人亦可發行本票。

(二) 本票若為自然人所簽發，其樣式並無嚴格限制，只要具備法定應記載事項即可，即便拿一張空白紙，寫上本票，表示自己承諾付款，並具備其他法定應記載事項即為本票。

(三) 不過，為了方便一般自然人開立本票，又能符合票據法法定應記載事項，一般書局就有賣制式本票，俗稱「玩具本票」。

(四) 茲圖示書局所販售本票之正面供讀者參考（註：背面空白係供背書用等）：

字第　　　號　WG 10010237		記載欄
憑票准於　年　月　日無條件擔任兌付		郵件遞由寄票人貼足印花稅十萬元內三元借貸貸三千元內六角
或其指定人　　　　　　　NT$:		
新台幣		利息自出票日起按每百元日息逾期違約金另按每百元日加日息
此致	（本本票免作成拒絕證書）	此票背書人免作拒絕事由通知義務
付款地：		
發票人：		計付　計付
地址：		
發票人：		
地址：		
中華民國　　　年　　　月　　　日		

(五) 有關一般人對「玩具本票」之疑惑說明如下：

常常有民眾詢問：自己有簽發或收到他人由書局購買的「玩具本票」，是否具有法律效力？是否因書局有販賣玩具鈔票，所以民眾以為從書局購買之本票就是「玩具本票」？

實際上，本票的外形並沒有嚴格的限制；例如向銀行貸款，銀行就會要求借款人簽發一張A4或B5般大小的大本票；所以只要在書面上記載有本票相關記載事項都可稱為本票，並不是說由書局買制式本票來簽發就是「玩具本票」，「玩具本票」的稱呼容易被誤解，這種本票只要有填寫絕對必要記載事項就有法律效力。

如果在本票上未填寫絕對必要記載事項，如發票人、發票日、發票金額等，則該本票並不發生效力，因此要求他人簽發本票時，應注意上開絕對必要記載事項須確實填寫，以免取得一張無效之本票！

第4條（支票、金融業之定義）

① 稱支票者，謂發票人簽發一定之金額，委託金融業者於見票時，無條件支付與受款人或執票人之票據。

② 前項所稱金融業者，係指經財政部核准辦理支票存款業務之銀行、信用合作社、農會及漁會。

解說

　　支票是委託金融業付款之票據，與匯票得委託任何第三人付款，本票則由發票人本人付款不同。

(一) 稱支票者，謂發票人簽發一定之金額，委託金融業者於見票時，無條件支付與受款人或執票人之票據。

(二) 依上述定義，支票之付款人限於金融業，故第4條第2項又對金融業作定義，所謂金融業，係指經財政部核准辦理支票存款業務之銀行、信用合作社、農會及漁會，所以，不只有銀行支票，還有合作社支票、農會支票、漁會支票。

(三) 支票限由金融業付款，目的是透過銀行、合作社、農會、漁會對發票人徵信，以減少空頭支票的發生。

(四) 如果發票人在金融業的支票存款戶存款不足，支票就會退票，這種票稱為空頭支票，又稱芭樂票，所以取得支票要相當注重發票人的資力和信用。

(五) 早期金融業者為了防患空頭支票，若支票未回籠一半或三分之二（即領50張，最少已開25張，並且已流回付款行），金融業不會發給新支票，生意人需要支票周轉資金，還必須向銀行員拜託呢！

(六) 早期金融業三點半就關閉大門，如果開出的支票沒辦法在三點半以前籌足錢，存入支票存款戶，就會跳票，趕在三

點半之前籌足款，就稱為跑三點半。

(七) 又早期支票跳票有刑責，會抓去坐牢，很多生意人以太太名義開立支票，所以抓去關的大多是女人，使女子監獄不夠關，後來票據刑責廢除，發票人無所忌憚，執票人就要小心了！

(八) 茲圖示支票之正反面供讀者參考：

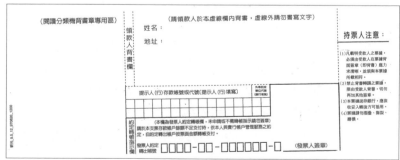

(九) 另有一種讀者比較少接觸的，就是公庫支票，依目前實務見解，認為公庫支票之付款人為公庫，並非票據法第4條第2項所規定之銀行、農會、漁會或信用合作社等金融

業，故非票據法上之支票，而僅爲民法上之指示證券，筆者最近剛好領到一張國稅局退稅的公庫支票，圖示正反面供讀者參考：

(十) 再者，隨著電子科技發達，最近又興起電子票據，茲合併電子匯票、電子本票、電子支票在此說明如下：

1. 電子票據之意義

所謂電子票據，係指以電子方式製成之票據，以電子簽章取代實體之簽名蓋章，包括：由金融業者付款之電子匯票、委託金融業擔當付款之電子本票及指定受

款人且劃平行線之電子支票。

2. 電子票據之要件

電子票據應記載事項爲：(1)電子票據應記載之事項與實體票據相同；(2)受款人之欄位不得空白，並以記載受款人身分識別碼爲之；(3)加註電子信箱號碼；(4)以單一受款人爲限；(5)該受款人之身分識別碼得以指定受款人收款行帳號代之。至於電子票據之簽章，應以數位簽章爲之。

(十一) 最後要跟讀者談何謂「芭樂票」？「人頭票」？如何防止收到「芭樂票」、「人頭票」、「無效支票」？

1.「芭樂票」是台灣對「空頭支票」特有的稱呼，因爲芭樂這種水果在台灣不太值錢，而「空頭支票」是指提示無法兌現的支票，沒有價值，因此「芭樂票」的稱呼就此誕生。

2. 一般發生「芭樂票」的情形，都是發票人的銀行支票帳戶中沒有存款，還任意簽發支票，而目前詐騙集團會利用僞造或變造他人的身分證明，冒名向金融行庫虛設帳戶並領取空白支票使用，或是用相當代價，委請知情的人到金融行庫設立帳戶並請領支票供自己使用，後者又稱爲「人頭票」；而被冒名或提供人頭所設立的帳戶，帳戶內通常沒有足夠支付支票金額的存款，所以跳票的機率很高。

3.「芭樂票」只要載有法定的絕對必要記載事項：(1)一定的金額；(2)發票年月日；(3)發票人簽章，就是一張有效的支票，執票人可以行使票據上的權利，而「追索權」就是執票人票據上權利的其中一種，如果

　　發生支票跳票或是付款人破產情形，執票人可以向發
　　票人或背書人請求償還票據金額、利息及費用，這就
　　是「追索權」。

4.為了避免收到無效支票或是空頭支票，在收受票據
　時，應該注意下列事項：(1)前手（包括發票人及背書
　人）的信用如何？這可先向票據交換所或連線金融機
　構查詢有無退票紀錄或被拒絕往來處分；(2)票據要件
　是不是齊全？記得審核票據上的金額、發票日期及簽
　名是不是全部記載齊全。

　　張三於民國110年8月1日簽發新台幣一百萬元支票一紙，
付款人為第一銀行台中分行，交付予李四，作為向李四購買電
腦被動元件的貨款之用。嗣因張三於同年8月5日死亡，張三之
子女乃於8月7日持死亡證明書通知銀行關於張三死亡之事實，
而當時張三支票存款戶之存款仍超過新台幣一百萬元，李四8
月8日持該支票請求銀行付款，銀行可否拒絕？

(一) 依民法規定，稱委任者，謂當事人約定，一方委託他方處
　　理事務，他方允為處理之契約（民528）。因此銀行與支
　　票戶之間成立民法上之委任關係，此種委任關係，因存戶
　　死亡，銀行於接到死亡通知時即告消滅。

(二) 銀行與支票戶間之委任關係，既因付款行於8月7日接到支
　　票戶死亡通知而消滅，則李四於8月8日持該支票請求銀行
　　付款，銀行應予拒絕。

第5條（簽名人責任）
① 在票據上簽名者，依票上所載文義負責。
② 二人以上共同簽名時，應連帶負責。

解說

票據是文義證券，在票據上簽名，就依簽名文義負其責任，二人以上共同簽名時，就應連帶負責，故在票據上簽名不可不慎。

(一) 第1項規定，又稱票據之文義性，例如在發票人處簽名，負發票責任；在票據背面簽名，負背書責任；簽名表示保證，負保證責任是也。

文義性之規定，是要保障善意執票人，以促進票據流通。例如凡在票據背面或黏單上簽名，而形式上合於背書之規定者，即應負票據法上背書人之責任，縱令非以背書轉讓之意思而背書，因其內心效果意思，非一般人所能知或可得而知，為維護票據之流通性，仍不得減免其背書人之責任。

依票據行為之文義性，衍生出下列三項原則：

1. 票據外觀解釋原則：票據之權利義務，僅以票載文義為準，雖與事實或原因關係不符，亦不影響票載文義之效力。

2. 票據客觀解釋原則：票據上所載文義，必須客觀加以判斷，不得以票據以外之證據或事實，任意加以變更或補充之。

3. 票據有效解釋原則：蓋基於票據之流通性與交易安全之保護，解釋票據行為時，應儘量使其有效，例如

倒塡到期日之本票，實務上認爲該本票仍屬有效，即將其解釋爲欠缺到期日之記載，而視爲見票即付之本票。

(二) 第2項規定，因其係以共同目的，負同一票據債務，各發票人對於執票人皆應各負全部之責任，其性質上爲法律規定之連帶債務（民272Ⅱ）。

又票據法雖未規定發票人在支票上簽名或蓋章之位置，但公司負責人於公司簽發票據記載之金額上加蓋印章，在社會通常觀念，係屬防止塗改作用，當難認爲共同發票行爲。

實例

　　李四借用張三之空白支票一紙，以自己名義簽發使用，交付予王五，作爲向王五購買電腦被動元件的貨款之用。李四應否負票據上之責任？

(一) 依票據法第5條規定，在票據上簽名者，依票據上所載文義負責。

(二) 李四借用張三之空白支票一紙，以自己名義簽發使用，必定與張三在付款銀行所留簽章不符，而遭退票。但在票據上簽名者，既應依票據上所載文義負責，因此，凡在支票上簽名表示其爲發票人，縱未在在付款銀行預爲開設支票存款帳戶，仍應擔保支票支付款責任，故李四應負票據上之責任。

> **第6條**（蓋章代簽名）
> 票據上之簽名，得以蓋章代之。

解說

　　法律行為之簽名，得以蓋章代之，票據行為亦然。實務上，國人發票，蓋章者多，簽名者反而較少。惟蓋章也要特別注意，例如支票要蓋金融業留存之發票人印鑑；匯票、本票未在金融業留存發票人印鑑，最好請求發票人到戶政事務所申請印鑑證明並蓋印鑑章，這樣，發票人就無從狡賴。

(一) 票據上之簽名，雖可用蓋章代替之，但若該印章係被盜刻或盜用，非出於行為人之意思而蓋章於票據上者，自不發生簽名之效力，因此，若取得他人本票或匯票，因無金融業徵信，也未在金融業留存發票人印鑑，就要小心發票人主張印章被盜刻或盜用，經驗老到者會要求發票人提供留存戶政事務所的印鑑證明並蓋印鑑章，這樣，發票人就無從狡賴。

(二) 又簽名因自然人或法人主體不同，簽名方式亦有不同，茲分述如下：

　1. 自然人之簽名

　　原則上自然人之簽名不必以戶籍上之姓名為必要，僅須足以表示簽名者為本人之文字記載即可，例如所簽名者為一般之通稱或別名、藝名，如交易上得辨別該票據債務人之同一性時，即仍屬有效；亦不以簽全名為必要；但僅在票據上按捺指印，該票據為無效。

　2. 法人之簽名

　　原則上代表人應載明「法人名稱」，載明「為法人代

表之意旨」，並由代表人簽名蓋章，以完成法人之簽名。

第7條（確定金額之標準）
票據上記載金額之文字與號碼不符時，以文字為準。

解說

本條為確定票據記載金額之標準，即票據上記載金額之文字與號碼不符時，以文字為準，以杜糾紛。惟本條規定與民法第4條規定不同，在民法應先探求當事人真意，不能確定時，始以文字為準；但票據注重形式，為能迅速確定法律關係，以保護執票人，助長票據流通，所以規定記載之文字與號碼有不符時，概以文字為準，不問當事人真意為何，因內心意思，他人實在很難知曉也。

第8條（票據行為之獨立性）
票據上雖有無行為能力人或限制行為能力人之簽名，不影響其他簽名之效力。

解說

一張票據上有數個法律行為，例如發票、承兌、背書及保證等，其中若有一部分法律行為無效，不影響其他法律行為之效力，此謂票據行為之獨立性，因此，票據上雖有無行為能力人或限制行為能力人之簽名，不影響其他簽名之效力。

(一) 所謂票據行為之獨立性或獨立原則，係指票據之承兌、背書及保證等票據行為，雖以發票行為為前提，而存在著前後關係，但各種票據行為是否實質上有效，並不因其他票據行為是否有效而受影響。換言之，具有前後相依關係之票據行為中，如先行票據所為無效或被撤銷，不影響後行票據行為之效力。票據法第5、8、15條及第61條第2項等規定，即為票據行為獨立原則之最主要依據。

(二) 如欲適用票據行為獨立原則，應具備下列二項要件：

　　1. 先行票據行為形式上有效

　　　先行票據行為是否具備實質要件，雖然執票人無法從票據外觀得知；但票據行為之形式要件是否具備，則得由票據外觀獲知，故一般認為適用票據行為獨立原則之第一要件，必須先行票據行為具備基本之法定形式，而在形式上完全有效。又由於背書人之擔保責任，應解為係基於其背書行為而生之法定責任（票39），故認為票據行為獨立原則，亦適用於背書行為。

　　2. 執票人應為善意

　　　執票人為惡意，是否仍有票據行為獨立原則之適用，學理上有爭議。惟鑑於票據行為獨立原則之規範目的，主要在保護信賴先行票據行為在外觀上具備形式有效之執票人，故解釋上應認為票據行為獨立原則，僅得適用於善意執票人。

第9條（隱名代理）
代理人未載明為本人代理之旨而簽名於票據者，應自負票據上之責任。

解說

代理有顯名代理與隱名代理，區別方法在於是否將本人名義記載於票據上。

(一) 隱名代理即隱本人名之意：

隱名代理係指代理人雖依代理權而為票據行為，但並未於票據上載明本人名義，亦未載明為本人代理之意旨，而僅由代理人將自己之名字簽於票據上者。

(二) 隱名代理之效果：

隱名代理既隱本人名，又未載明為本人代理之旨，而僅由代理人簽名於票據，故依本條規定，應自負票據上之責任，本人則不必負責。

第10條（無代理權與越權代理）
① **無代理權而以代理人名義簽名於票據者，應自負票據上之責任。**
② **代理人逾越權限時，就其權限外之部分，亦應自負票據上之責任。**

解說

票據行為是法律行為，因此可以由他人代理為之，若無本人授權或不在本人授權範圍，發生代理權與越權代理時，當由

代理人自負票據上之責任。

(一) 第1項爲無權代理之規定：

　　1. 意義

　　　無權代理相對於有權代理，係指代理人欠缺代理權之實質要件所爲之代理行爲。狹義之無權代理，乃表見代理以外之無權代理，即無代理權人以代理人之名義爲代理行爲。詳言之，代理人未得本人授與代理權，而以代理人名義簽名於票據上，故其具備票據行爲代理之形式要件，而欠缺代理之實質要件。

　　2. 效果

　　　無權代理人應自負票據上之責任，此參民法第170條第1項規定：「無代理權人以代理人之名義所爲之法律行爲，非經本人承認，對於本人不生效力。」自明，至於本人因未簽名於票據，又未授權他人代簽，自無須負擔票據責任。

(二) 第2項爲越權代理之規定：

　　1. 意義

　　　所謂票據行爲之越權代理，係指代理人逾越代理權限所爲之票據行爲。申言之，代理人雖有本人之授權，具備票據行爲代理之形式要件及實質要件，但卻逾越授權範圍而爲票據行爲，例如本人授權發票金額爲壹拾萬元，代理人卻簽發壹拾伍萬元是。

　　2. 效果

　　　(1) 本條第2項雖規定：「代理人逾越權限時，就其權限外之部分，亦應自負票據上之責任。」但所謂代理人就其權限外之部分，亦應自負票據上之責任，究

係僅負越權部分責任或應負全額責任，學理上有越權部分說及全額責任說等不同見解。

如認為本條第2項所規定者為越權代理人之法定擔保責任，則應解為僅負越權部分責任；相對地，如認為票據法第10條第2項所規定者為加重越權代理人之行為責任，則應解為應負全額責任。

依管見，由本條第2項之法條文義及立法意旨，應認所規定者為加重越權代理人之行為責任，即應就其所為之越權票據行為負全額責任，以維促進票據流通之立法政策。

(2) 其次，本條第2項既明定越權代理人之責任，則本人是否得免就越權部分負責，實務上有不同見解。

按票據法具有民事特別法之性質，應優先適用，故本條第2項為民法第107條之特別規定，應排除民法該條之適用，故本人原則上不必就越權部分負責。

惟由於理論上越權代理本為無權代理之一種類型，本人究應負何種責任，仍應依民法有關無權代理之規定認定之，亦即，原則上非經本人承認，對本人不生效力，如不構成表見代理，本人僅就其授權範圍負其責任，惟如有構成表見代理之權利外觀（民169），本人仍應負授權人之責任。

第11條（要式性、空白授權票據、改寫）
① 欠缺本法所規定票據上應記載事項之一者，其票據無效。但本法別有規定者，不在此限。
② 執票人善意取得已具備本法規定應記載事項之票據者，得依票據文義行使權利；票據債務人不得以票據原係欠缺應記載事項為理由，對於執票人，主張票據無效。
③ 票據上之記載，除金額外，得由原記載人於交付前改寫之。但應於改寫處簽名。

解說

本條為票據行為要式性、空白授權票據及票據改寫等之規定，票據行為是要式行為，欠缺本法所規定票據上應記載事項之一者，其票據無效。但本條又說本法別有規定者，不在此限，這就是空白授權票據，例如有發票人及發票金額，但發票日期交由執票人填寫即是。

(一) 票據行為之要式性：

第1項規定，欠缺本法所規定票據上應記載事項之一者，其票據無效，即為票據行為要式性之規定。

按票據記載事項可分為：

1. 絕對必要記載事項

票據法所規定之絕對必要記載事項，如有欠缺，屬欠缺票據法所規定票據上應記載之事項，則票據無效（票11Ⅰ）。票據法上屬於絕對必要記載事項者有：(1)表明票據種類之文字；(2)一定之金額；(3)無條件支付之委託；(4)發票之年、月、日。

2. 相對必要記載事項

票據法上之相對必要記載事項，若欠缺記載時，法律另擬制其欠缺之效果，而不使票據無效（票11Ⅰ但）。票據法上屬於相對必要記載事項者：(1)付款人；(2)受款人；(3)發票地；(4)付款地；(5)到期日等。

3. 得記載事項

即得任意記載事項，例如匯票得記載利息及利率。

第1項所稱，乃指欠缺必要記載事項之一者而言，即包括絕對必要記載事項與相對必要記載事項，但不含得記載事項。

(二) 空白授權票據：

1. 意義

所謂空白授權票據，係指票據行為人，以保留給執票人日後補充之意思，於不記載票據法上必要記載事項之全部或一部之紙上簽名，所發行之未完成票據而言，其與一般俗稱之空白票據不同。本條第1項明定，票據欠缺法定應記載事項者，應屬無效，稱為票據之要式性，準此，空白票據之合法性，殊值存疑。

實務上雖大多否定空白授權票據之合法性，惟學者普遍認為，本條第2項規定：「執票人善意取得已具備本法規定應記載事項之票據者，得依票據文義行使權利；票據債務人不得以票據原係欠缺應記載事項為理由，對於執票人，主張票據無效。」乃空白授權票據合法性之法律依據；再者，雖然空白授權票據之票據權利發生與否具有不確定性，而對發票人不利，但若不承認其合法性，發票人即得依本條第1項對執票人主

張票據無效，將導致日後執票人收受票據時，均須逐一確認票據上每一個票據行為簽名之真正，勢必影響交易安全與票據流通，因此應令發票人負其票據上責任，以促其慎重。

另應注意者，縱然實務上大多不承認本條第1項係空白授權票據之法律依據，惟實務上亦有認為，得由發票人授權執票人代理填寫法定應記載事項或以使者之地位依發票人之意思填寫，例如依最高法院之判例，即認為授權執票人填載票據上應記載之事項，並不限於絕對應記載事項，即相對應記載事項，亦可授權為之，例如本票到期日未記載，可授權執票人填載之是也。

2. 要件

(1) 須有票據發票人之簽名：空白授權票據之成立，須有發票人之簽名，因發票人乃原始之票據債務人，在該票據上，須有發票人負擔債務之意思表示，否則即屬欠缺票據行為之要件，而無票據行為之成立。

(2) 須票據之必要記載事項有欠缺：除發票人之簽名不得欠缺外，其他必要記載事項有一部或全部欠缺者，不問欠缺之程度或態樣，即構成空白授權票據，通常以金額、發票日或到期日之記載空白者居多。

(3) 須有補充權之授與：空白授權票據之成立，須由發票人依明示或默示，將該必要記載事項之空白，留由執票人日後補充之意思，因而授與執票人得日後

補充完成記載之權限。

    (4) 票據之交付：若採契約說及單獨行為中之發行說，尚須有票據之交付行為。

(三) 票據之改寫：

  1. 意義與要件

    票據之改寫係票據經原記載人記載後，於交付前，就票據上所載事項加以變更。本條第3項規定：「票據上之記載，除金額外，得由原記載人於交付前改寫之。但應於改寫處簽名。」故票據改寫之要件為：(1)原記載人改寫；(2)金額以外之事項始得改寫；(3)交付前始得改寫；(4)須在改寫處簽名。

  2. 效力

    票據改寫之效力，應視其改寫之內容是否為票據金額而有異：

    (1) 改寫票面金額：經發票人同意而將票據金額改寫者，如係於票據交付前改寫，則因違反本條第3項，該票據無效。如係於票據交付後，並經發票人之同意而改寫者，應類推適用票據法第16條規定；若其改寫未經發票人同意，則屬票據變造之問題，而應依票據法第16條規定處理。

    (2) 就金額以外之部分改寫：交付前改寫者，應依本條第3項規定之方式改寫；若係於交付後並經原記載者之同意而改寫者，應類推適用票據法第16條規定；若未經同意改寫，則屬票據法第16條規定之票據變造。

實例

　　張三簽發支票一紙，交付予李四，作為購買電腦被動元件的貨款之用。該支票未載明發票日期，請問該支票是否有效？

(一) 支票為要式證券，因此支票之作成，必須依票據法之規定，具備法定必要記載事項。

(二) 所謂法定必要記載事項有絕對必要記載事項與相對必要記載事項，票據法所規定之絕對必要記載事項，如有欠缺，則屬欠缺票據法所規定票據上應記載之事項，則票據無效（票11 I），票據法上屬於絕對必要記載事項者有：1. 表明票據種類之文字；2. 一定之金額；3. 無條件支付之委託；4. 發票之年、月、日等。

(三) 本件張三簽發支票一紙，交付予李四，該支票未載明發票日期，因欠缺絕對必要記載事項，該支票自始當然無效，故張三不負發票責任。

(四) 惟張三發票時若已授權李四代填日期，依實務見解，仍應負發票之責任。

實例

　　張三簽發支票一紙，交付予李四，作為購買電腦被動元件的貨款之用。該支票簽發之金額為拾萬整，及NT$100,000，漏寫元或圓，請問該支票是否有效？

(一) 支票為要式證券，因此支票之作成，必須依票據法之規定，具備法定必要記載事項。

(二) 所謂法定必要記載事項有絕對必要記載事項與相對必要記載事項，票據法所規定之絕對必要記載事項，如有欠缺，則屬欠缺票據法所規定票據上應記載之事項，則票據無效

（票11Ⅰ），票據法上屬於絕對必要記載事項者有：1. 表明票據種類之文字；2. 一定之金額；3. 無條件支付之委託；4. 發票之年、月、日等。

(三) 由上述可知一定金額之記載，為絕對必要記載事項之一，如有欠缺，則票據無效（票11Ⅰ），而此一定金額之記載，通常多以文字及號碼同時為表示，倘文字及號碼表示不符時，以文字為準。

(四) 本件張三簽發支票一紙，簽發之金額為拾萬整，及NT$100,000，漏寫元或圓，該支票是否有效？有肯定說與否定說兩種見解：

1. 肯定說

張三簽發支票之金額為拾萬整，雖然文字表示部分漏寫元或圓，但號碼表示部分為NT$100,000，足見其金額為新台幣之元，應認為該支票已具備絕對必要記載事項而有效，例如58台上2304號即採此見解。

2. 否定說

文字金額之記載既為絕對必要記載事項，本件簽發支票簽發之金額為拾萬整，漏寫元或圓，而新台幣之幣值有圓、角、分三種，則遇金額僅記載數字，而無圓、角、分之記載者，即有不明確之嫌，難認已具備票據之法定要式，應認為無效。

(五) 拙見認為以採肯定說為妥，理由如下：

1. 本件張三在支票簽發之金額為拾萬整，及NT$100,000，雖漏寫元或圓，但號碼表示的部分為NT$，已明確表示為元或圓，不可能誤認為角、分。

2. 票據行為之解釋原則有三，即外觀解釋原則、客觀解

釋原則與有效解釋原則，所謂客觀解釋原則是指票據文義之客觀解釋，並非嚴格限定要拘泥於所載文字之解釋，關於一般法理、習慣及誠信原則，仍應有其適用。所謂有效解釋原則，是指票據行為之解釋，應儘量使其有效，以助長票據流通及維護交易安全，基於客觀解釋原則與有效解釋原則，本件應認為是拾萬元，而非拾萬角，或拾萬分，故本張支票有效。

第12條（不生票據上效力之記載）
票據上記載本法所不規定之事項者，不生票據上之效力。

解說

票據法就票據應記載與得記載之事項均有明確規定，至於票據上若記載本法所不規定之事項者，則不生票據上之效力。

本條規定票據上記載本法所不規定之事項者，不生票據上之效力。此種事項與「記載無效之事項」不同，在後者，不生任何效力，例如免除擔保付款之記載（票29III）、支票有相反於見票即付之記載（票128）等；前者，則不生票據法上之效力而已，至於民法上之效力，尚無礙其發生，例如發票人於一定金額之外，尚記載給付若干股票時，其股票之給付，雖無票據法上之效力，但發票人仍應負民法上之給付義務是。

另外，票據不得記載之事項如下：
(一) 記載不生票據上效力之事項：
    1. 若有記載不生票據法上之效力，但票據本身仍有效。
    2. 仍生民法上之效力。

　　3. 例如發票人在票據上記載給付台積電一萬股。

(二) 記載無效之事項：

　　1. 若有記載不生票據法上之效力，但票據本身仍有效。

　　2. 亦不生民法上之效力。

　　3. 法條中有「其記載無效」之字樣者均屬之，例如「免除擔保付款之記載」（票29Ⅲ）。

　　4. 學者稱此為「記載無益之事項」。

(三) 記載則票據無效之事項：

　　1. 若有此記載，則票據全歸無效，因其與票據之本質不合也。

　　2. 例如匯票發票人應為無條件支付之委託（票24Ⅰ⑤），如果記載條件而委託，則該匯票即歸無效也。

　　3. 學者稱此為「記載有害之事項」。

第13條（票據抗辯）

票據債務人不得以自己與發票人或執票人之前手間所存抗辯之事由，對抗執票人。但執票人取得票據出於惡意者，不在此限。

解說

　　本條為票據原因關係抗辯之限制規定，所謂票據原因關係抗辯，例如因買屋而開支票給對方，後來發現是凶宅，可以拒絕支票之付款是也。

(一) 原因關係抗辯之種類：
　　1. 原因關係不法之抗辯
　　　簽發票據之原因是否有效，基於票據無因性理論，雖
　　　不影響票據債權之存否，惟其授受票據如未具真實合
　　　法之原因，於直接當事人間，仍得以此為理由拒絕付
　　　款。例如以給付賭博所應付之款項而簽發支票，債務
　　　人對其直接受讓人得以原因關係不法為抗辯而拒絕付
　　　款。
　　2. 原因關係欠缺或消滅之抗辯
　　　票據上之權利義務，固不受原因關係之欠缺或消滅而
　　　受影響，然在授受票據之直接當事人間，則仍得以之
　　　為抗辯。例如為給付貨款而簽發票據後，買賣契約因
　　　給付不能而歸於無效（民246），或因解除（民254～
　　　256）而歸於消滅時，票據債務人均得對該買賣關係之
　　　直接當事人據此為抗辯，拒絕給付票款。
(二) 原因關係抗辯之效果：
　　1. 票據債務人（例如背書人）不得以自己與發票人之間
　　　所存的抗辯事由對抗執票人，例如不能以發票人未供
　　　資金而抗辯。此條為了保護善意執票人，助長票據之
　　　流通，否則，無人願意接受票據矣！
　　2. 票據債務人（例如背書人）亦不得以自己與執票人之
　　　前手間所存的抗辯事由對抗執票人，其理由同上。
　　3. 票據債務人（例如背書人）得以自己與執票人間所存
　　　之抗辯事由，對抗執票人，即直接當事人間，仍得為
　　　原因關係之抗辯。
　　4. 又執票人取得票據若出於惡意者，票據債務人仍得以

自己與發票人或執票人之前手間所存抗辯之事由，對
抗執票人，因惡意不予保護也。

第14條（善意取得）

① 以惡意或有重大過失取得票據者，不得享有票據上之權
利。

② 無對價或以不相當之對價取得票據者，不得享有優於其
前手之權利。

解說

　　本條為票據權利善意取得之規定，善意取得指票據受讓人
不知讓與人無票據之處分權，而依票據規定之轉讓方式，自讓
與人受讓票據，進而取得票據權利者。

　　按票據權利取得方式有原始取得與繼受取得兩種，前者包
括發票行為取得與善意取得；後者包括因背書或交付方式轉讓
取得、保證人因履行保證債務取得、參加人因參加付款而取得
以及被追索人因清償票據債務而取得等，茲將本條規定，綜合
說明如下：

(一) 善意取得之意義與要件：

　1. 意義

　　　票據之善意取得，係指票據受讓人不知讓與人無票據
　　之處分權，而依票據規定之轉讓方式，自讓與人受讓
　　票據，進而取得票據權利者。為保護交易安全，民法
　　設有動產善意受讓（善意取得）制度（民801、886、
　　948），但對於盜贓遺失物設有例外規定（民949）。

惟由於本條第1項規定：「以惡意或重大過失取得票據者，不得享有票據上之權利。」因此，其為票據法就票據善意取得之特別規定，而排除民法相關規定之適用，執票人取得支票如係出於惡意，縱已付出相當代價，亦不得享受票據上之權利。

2. 要件

(1) 自無處分權人受讓票據：票據善意取得規定之目的，係在處理票據讓與人（原執票人）與受讓人（即現在執票人）間票據權利歸屬之問題，故限於從無權處分人受讓票據者，方有票據法第14條第1項規定之適用。所謂無處分權人係指對於票據無實質上之票據權利或處分權而言，故如讓與票據者有正當之處分權，雖受讓人於受讓票據時係出於惡意時，亦僅生票據法第13條但書之效果，即票據債務人得以自己與發票人或執票人之前手間所存在之人的抗辯事由對抗執票人，尚不生執票人不得享有票據上權利之問題。

(2) 依票據法之規定方式轉讓票據：票據法所規定票據轉讓之方法，為背書或交付（票30Ⅰ、32Ⅰ、124、144）。應注意者，票據經記載禁止背書轉讓者有無善意取得之適用，因記載之主體不同而異其效果；若由發票人記載者，因票據不得轉讓，故無善意取得之適用；若由背書人記載者，因該票據仍得背書轉讓，故有票據善意取得之適用（票30Ⅱ、Ⅲ、124、144）。另如背書係屬非以轉讓為目的之委任取款背書，因被背書人僅取得代理行使票據權利之

資格，故無票據善意取得之適用（票40Ⅰ、124、
144）。如係期後背書，則因其僅具通常債權轉讓之
效力，受讓之後手無法取得優於前手之權利，故並
無票據善意取得之適用（票41Ⅰ）。

(3) 無惡意或重大過失受讓票據：所謂惡意或有重大過
失取得票據者，係指執票人於受讓票據時，明知或
可得而知讓與票據者無權處分。詳言之，惡意，係
指明知讓與人無處分票據之權利，例如詐欺；而重
大過失，係指對於應注意能注意且稍加注意即可知
情之事項，竟未加注意而不知之情形而言。因票據
善意取得之制度，係為保護善意受讓人，故受讓人
之惡意或重大過失，應由請求返還票據之人或票據
債務人負舉證責任。

(4) 受讓人須支付相當之對價：本條第2項規定：「無對
價或以不相當之對價取得票據者，不得享有優於其
前手之權利。」此為票據法第13條與第14條第1項之
補充規定。按票據權利之瑕疵，除惡意抗辯外（票
13但），不應由後手繼承；然為維持公平原則與誠
實信用原則，如執票人係無對價或以不相當之對價
取得者，不得享有優於前手之權利，即須繼受前手
之瑕疵。

(二) 善意取得之效果：

1. 依本條第1項規定，以惡意或有重大過失取得票據者，
不得享有票據上之權利，即：

(1) 符合上述善意取得之要件者，取得票據上之權利，
此為原始取得，又稱即時取得。

(2) 票據法之票據善意取得較民法之善意取得爲嚴格，除了必須善意（即不知情，不知前手無處分權），還須對於不知情並無重大過失始可。

2. 再依第2項規定，無對價或以不相當之對價取得票據者，不得享有優於其前手之權利，即：無對價或以不相當之對價取得票據者，則例外規定不論執票人是否爲惡意，包括讓與人（執票人之直接前手）有權處分及無權處分之情形，受讓人（現執票人）均無法享有優於讓與人（前手）之權利。所謂以不相當之對價取得，例如以十萬元取得系爭面額二十萬元之支票；又所謂不得享有優於其前手之權利，係指前手取得票據有瑕疵時，受讓人繼受其瑕疵而言。

第15條（票據之偽造及簽名之偽造）
票據之偽造或票上簽名之偽造，不影響於真正簽名之效力。

解說

一張票據上有數個法律行爲，例如發票、承兌、背書及保證等，其中若有一部分涉及票據之偽造或票上簽名之偽造，不影響於真正簽名之效力。

(一) 票據偽造之意義：

票據之偽造，係指假冒他人之名義，以行使票據爲目的所爲之票據行爲。依本條之規定，可知廣義定義之票據偽造包括假冒他人名義爲發票人，而爲票據創設之發票行爲，以及於已存在有效之票據上偽造簽名之行爲，惟

不論何者，皆有僞造簽名之行爲，本文即採廣義定義爲
說明。

(二) 票據僞造之效果：

1. 僞造人之責任

　僞造票據之人，因其本人未簽名於票據上，故通說認
爲其不必負擔票據責任（票5），惟有認爲應類推適用
票據法第10條第1項，僞造人仍須負擔票據責任，其理
由爲基於保護執票人與加重僞造者之責任。至於僞造
者有刑事責任及民法侵權行爲責任，乃另當別論。

2. 被僞造人之責任

　被僞造人之姓名雖然出現於票據上，然並非基於其本
人意思表示而簽名或蓋章於票據上，依票據法第5條之
規定，不須負擔票據責任。

3. 眞正簽名人之責任

　依本條規定：「票據之僞造或票據上簽名之僞造，不
影響於眞正簽名之效力。」故眞正簽名人應依票載文
義負責（票5）。

4. 付款人之責任

　票據法第71條第2項規定：「付款人對於背書簽名之眞
僞，及執票人是否票據權利人，不負認定之責。但有
惡意及重大過失時，不在此限。」因此付款人如已善
盡其審查之注意義務，而無惡意及重大過失時，即不
必對眞正權利人負再次付款責任。

第16條（票據之變造）

① 票據經變造時，簽名在變造前者，依原有文義負責；簽名在變造後者，依變造文義負責；不能辨別前後時，推定簽名在變造前。

② 前項票據變造，其參與或同意變造者，不論簽名在變造前後，均依變造文義負責。

解說

　　票據若有變造，其簽名在變造前者，依原有文義負責；簽名在變造後者，依變造文義負責；其參與或同意變造者，既然是同意變造，則均應依變造文義負責。

(一) 票據變造之意義：

　　票據之變造，乃無變更權限之人，以行使票據為目的，擅自為簽名以外票據文義之變更者，如果票據上所記載之內容，係由有變更權限之人所為者，則非為變造，而屬票據改寫之問題，應依票據法第11條第3項定其效果。

(二) 票據變造之效果：

　　1. 變造者之責任

　　　　依本條第2項規定可知，不論係參與或同意變造者，皆必須簽名於票據上者，始負票據責任，若變造者未簽名於上，雖不負票據責任，但仍須負變造有價證券之刑事責任（刑201）與民事侵權責任（民184）。

　　2. 簽名於變造前者之責任

　　　　票據經變造時，簽名在變造前者，依原有文義負責（票16Ⅰ）。

3. 簽名於變造後者之責任

　　簽名在變造後者，因其係基於變造後之票據文義而爲
　　票據行爲，自應依變造文義負責（票16Ⅰ）。

4. 不能辨別簽名於變造前後之責任

　　依本條第1項後段規定不能辨別前後時，推定簽名在
　　變造前。目的在令其依票據之原有文義負責，既曰推
　　定，是可以舉反證推翻的。

第17條（票據之塗銷）

票據上之簽名或記載被塗銷時，非由票據權利人故意為之者，不影響於票據上之效力。

解說

　　票據塗銷係指將票據上之簽名或其他記載事項，加以塗抹
或銷除，塗銷若由票據權利人爲之，自可認爲對塗銷部分之權
利，予以免除而歸於消滅，若非是票據權利人故意爲之者，其
並無免除權利之意，自不影響於票據上之效力。

(一) 塗銷之意義：

　　所謂票據之塗銷者，係指將票據上之簽名或其他記載事
　　項，加以塗抹或銷除之謂。此與將票據內容加以變更之
　　票據變造，有所不同，票據塗銷之方法，無論以濃墨重
　　抹、以紙片糊蓋、以橡皮輕擦或用化學方法消除等均屬
　　之，其方法如何，固非所問；被塗銷之文義，是否能辨
　　別亦均屬之；惟塗銷是否出於權利人之所爲，及是否出
　　於故意，必須有相當證明。倘票據雖有摺斷現象，但票

面金額、發票日期、付款人及所蓋發票人印文等均清晰可辨，仍難認為係票據之塗銷。又倘塗銷之程度過重，在外觀上已難認為票據時，則屬於票據之喪失。

(二) 塗銷之效力：

1. 塗銷係由於票據權利人所為者之效力。此可分為二，茲述於下：

(1) 非故意之塗銷：依票據法規定，票據上之簽名或記載被塗銷，非由於票據權利人故意為之者，不影響票據上之效力（票17）。蓋票據上之權利，既已有效成立，為維護票據之效力起見，自不因無意之塗銷而受影響，惟執票人行使票據權利時，應就塗銷非由權利人故意為之，及被塗銷之原文義內容，負舉證之責。

(2) 故意之塗銷：依本條之反面解釋，票據權利人故意塗銷者，票據上之效力，自應受其影響。蓋塗銷既由票據權利人為之，自可認為對塗銷部分之票據上權利，予以免除而歸於消滅。例如票據法第38條規定：「執票人故意塗銷背書者，其被塗銷之背書人及其被塗銷背書人名次之後，而於未塗銷以前為背書者，均免其責任。」及同法第100條第3項規定：「背書人為清償時，得塗銷自己及其後手之背書。」等之效果。

2. 塗銷非由於票據權利人所為者之效力：

塗銷非由於票據權利人所為者，縱令他人故意加以塗銷，亦不影響票據之效力，惟執票人如欲行使權利，應就塗銷有利於己之事實，負舉證責任，例如執票人

應舉證證明其塗銷，係出於非故意或係出於無權利人
所為（民訴277）。

第18條（止付通知）

① 票據喪失時，票據權利人得為止付之通知。但應於提出
止付通知後五日內，向付款人提出已為聲請公示催告之證
明。

② 未依前項但書規定辦理者，止付通知失其效力。

解說

票據喪失時，先要向付款人為止付通知，然後向法院聲請
公示催告，並應於提出止付通知後五日內，向付款人提出已為
聲請公示催告之證明，最後還要向法院聲請除權判決。

(一) 止付通知之意義：

所謂止付通知，乃為防止他人冒領，於公示催告程序
前，票據權利人將票據喪失之情形通知付款人，使付款
人暫停付款之措施。又支票之發票人亦可依票據法第135
條之規定撤銷付款之委託，以達到與止付通知相同之效
力。

另掛失止付通知後，該止付保留款究竟屬發票人、付款
人、止付人或票據遺失人之存款？學說與實務見解不
一，最高法院93年台簡抗字第31號裁定認為屬於發票人
之存款。

(二) 止付通知之程序：

1. 為止付之通知

(1) 填具掛失止付通知書：依票據法施行細則第5條第1項之規定，票據權利人依本條規定為止付之通知時，應填具掛失止付通知書，並載明下列事項通知付款人：票據喪失之經過、喪失票據之類別、帳號、號碼、金額及其他有關記載以及通知止付人之姓名、年齡、住所。

(2) 填具遺失票據申報書：依票據掛失止付處理規範第3條之規定，票據權利人為止付之通知時，應填具掛失止付通知書及遺失票據申報書，載明下列事項：票據喪失之經過、喪失票據之類別、帳號、號碼、金額及其他掛失止付通知書規定應記載之有關事項以及通知止付人之姓名、年齡、住所。

2. 為假處分之聲請

依票據法施行細則第4條之規定，票據為不得享有票據上權利之人或票據權利應受限制之人獲得時，原票據權利人得依假處分程序，聲請法院為禁止占有票據之人向付款人請求付款之處分。有疑義者，乃本條所稱之票據權利人是否包含發票人？實務上見解紛歧，有認為因發票人為票據債務人，並非票據權利人，故無聲請假處分之權利；但有認為若該票據未轉讓他人前，此時發票人兼有票據債權人之身分，而屬於票據權利人；反之若發票人已將票據讓與他人，除非該票據經由回頭背書由發票人持有外，發票人應僅為票據債務人之身分，而非票據權利人，此時發票人自不得

依此聲請假處分。另有實務見解認為，從票據法施行細則第4條文義觀之，該條既係規定「原票據權利人」，而非「票據權利人」，自包含對該票據曾具有權利之人，而發票人若為不得享有票據上權利或票據權利應受限制人之直接前手，係原屬票據權利人，應可類推適用票據法施行細則第4條之規定為假處分之聲請。

(三) 止付之效力：

依票據法施行細則第5條第2項之規定，付款人對通知止付之票據，應即查明，對無存款又未經允許墊借票據之止付通知，應不予受理。對存款不足或超過付款人允許墊借金額之票據，應先於其存款或允許墊借之額度內，予以止付。

此外，依票據法施行細則第5條第5項之規定，經止付之金額，應由付款人留存，非依本法第19條第2項之規定，或經占有票據之人及止付人之同意，不得支付或由發票人另行動用。

(四) 止付之失效：

票據喪失，票據權利人未於提出止付通知後五日內，向付款人提出已為聲請公示催告之證明，止付通知失其效力（票18Ⅱ）。另應注意者，若依票據法第18條第2項規定止付通知失其效力者，同一人不得對同一票據再為止付之通知（票施7Ⅱ）。

第19條（公示催告）

① 票據喪失時，票據權利人得為公示催告之聲請。

② 公示催告程序開始後，其經到期之票據，聲請人得提供擔保，請求票據金額之支付；不能提供擔保時，得請求將票據金額依法提存。其尚未到期之票據，聲請人得提供擔保，請求給與新票據。

解說

　　公示催告，就是以公示方法，催告持有證券人應於期間內申報權利及提出證券，並曉示以如不申報及提出者，即宣告該證券無效之謂。

(一) 第1項為公示催告之規定，茲就公示催告之意義與程序說明如下：

　　依本條之規定，票據喪失時，票據權利人得為公示催告之聲請。公示催告聲請之程序，首先公示催告聲請人應提出證券繕本、影本，或開示證券要旨及足以辨認證券之事項，並釋明證券被盜、遺失或滅失及有聲請權之原因、事實（民訴559）。而法院應就公示催告之聲請為准否之裁定（民訴540）。宣告證券無效之公示催告，應記載持有證券人應於期間內申報權利及提出證券，並曉示以如不申報及提出者，即宣告證券無效（民訴560）。該申報期間自公示催告之公告最後登載公報、新聞紙或其他相類之傳播工具之日起，應有三個月以上，九個月以下（民訴562）。若該利害關係人未於期間內申報其權利提出票據者，法院自得宣告其票據無效；利害關係人若於期間內申報權利並提出票據者，法院應通知聲請人閱覽票據，聲請

人如認為與喪失票據具有同一性，公示催告程序即告終結（民訴563）。

(二) 第2項為公示催告效力之規定：

1. 票據之公示催告具有下列之效力：(1)保持止付通知效力；(2)防止善意取得；(3)已到期之票據，聲請人得提供擔保，請求給付票據金額，或不提供擔保而提存該票據；(4)未到期之票據，聲請人得提供擔保請求給予新票據（票19Ⅱ）。但是，票據法施行細則第6條規定，止付通知與公示催告（票18、19）之規定，對業經付款人付款之票據不適用之，殊值注意。

2. 另應注意者，票據權利人喪失票據，得否不經止付通知，而逕自向法院聲請公示催告？實務見解不一：(1)採肯定說者，認為依票據法第18條第1項前段規定，票據喪失時，票據權利人得為止付之通知，既係「得」為止付之通知，而非「應」為止付之通知，則止付通知與否即屬票據權利人是否保全其票據權利之問題，如票據喪失不為止付通知，任由付款人付款，係票據權利人個人自甘損失，法律殊無強制其有止付通知之必要，故可不須先為止付之通知，而逕自向法院聲請公示催告。(2)採否定說者，認為按民事訴訟法第559條規定聲請公示催告應提出證券繕本、影本，或開示證券要旨及足以辨認證券之事項，並釋明證券被盜、遺失或滅失及有聲請權之原因、事實，故聲請人如僅提出該文書，似難認係釋明之文書證據，故票據權利人喪失票據時，仍須先經止付通知，才能向法院聲請公示催告。

(三) 公示催告之後續行為——除權判決：

票據喪失，經過上述之止付通知及公示催告後，尚須聲請法院為除權判決，即由法院宣示喪失之證券無效之謂，茲說明如下：

1. 宣告證券無效之除權判決，應宣告證券無效（民訴564 I）。為使多數人易知其內容起見，除權判決之要旨，法院應依職權以相當之方法公告之（民訴564 II）。

2. 就除權判決之效力而言，可分為下列二者：(1)消極效力：使未申報權利之票據無效（民訴564 I）。(2)積極效力：有除權判決後，聲請人對於依證券負義務之人，得主張證券上之權利（民訴565），故聲請人未請求支付、提存或給予新票據者，得請求票據債務人付款；聲請人提供擔保請求付款者或給予新票據者，得請求消滅該擔保；聲請人請求提存者，得向提存所請求提存。

第20條（行使或保全票據上權利之處所）

為行使或保全票據上權利，對於票據關係人應為之行為，應在票據上指定之處所為之；無指定之處所者，在其營業所為之，無營業所者，在其住所或居所為之。票據關係人之營業所、住所或居所不明時，因作成拒絕證書，得請求法院公證處，商會或其他公共會所，調查其人之所在；若仍不明時，得在該法院公證處，商會或其他公共會所作成之。

解說

　　本條為行使或保全票據上權利之處所之規定，原則應票據上指定之處所為之；無指定之處所者，在其營業所為之，無營業所者，在其住所或居所為之。

(一) 第1項規定為行使或保全票據上權利，對於票據關係人應為之行為，應在票據上指定之處所為之，例如若指定付款之處所為台中市台中大道1號，則應在該處所請求付款；無指定之處所者，在關係人之營業所為之；無營業所者，例如自然人，在其住所或居所為之。

(二) 第2項規定如果票據關係人之營業所等不明時，因作成拒絕證書之必要，得請求法院公證處、商會或公共會所等，調查其人之所在；若仍不明，得在法院公證處等處作成之，以解決實際之困難。

第21條（行使或保全票據上權利之時間）
為行使或保全票據上權利，對於票據關係人應為之行為，應於其營業日之營業時間內為之；如其無特定營業日或未訂有營業時間者，應於通常營業日之營業時間內為之。

解說

　　本條為行使或保全票據上權利之時間之規定，為行使或保全票據上權利，對於票據關係人應為之行為，應於其營業日之營業時間內為之；如其無特定營業日或未訂有營業時間者，應於通常營業日之營業時間內為之。

第22條（票據時效、利益償還請求權）

① 票據上之權利，對匯票承兌人及本票發票人，自到期日起算；見票即付之本票，自發票日起算，三年間不行使，因時效而消滅。對支票發票人自發票日起算，一年間不行使，因時效而消滅。

② 匯票、本票之執票人，對前手之追索權，自作成拒絕證書日起算，一年間不行使，因時效而消滅。支票之執票人，對前手之追索權，四個月間不行使，因時效而消滅。其免除作成拒絕證書者：匯票、本票自到期日起算；支票自提示日起算。

③ 匯票、本票之背書人，對於前手之追索權，自為清償之日或被訴之日起算，六個月間不行使，因時效而消滅。支票之背書人，對前手之追索權，二個月間不行使，因時效而消滅。

④ 票據上之債權，雖依本法因時效或手續之欠缺而消滅，執票人對於發票人或承兌人，於其所受利益之限度，得請求償還。

解說

　　因票據為流通證券，有迅速確定當事人間法律關係之必要，故票據法特別設有短期消滅時效之規定，但利益償還請求權則仍適用一般十五年消滅時效之規定。

(一) 票據時效：

　　票據法上之時效，為消滅時效。民法上關於消滅時效規定有十五、五或二年（民125、126）；惟因票據為流通證券，有迅速確定當事人間法律關係之必要，故票據法特別設有短期消滅時效之規定。依票據法第22條之規

定，票據時效依票據權利之不同而有差異：

1. 付款請求權之消滅時效

　本條第1項為票據時效之規定，此之時效起算期間，實務及通說見解認為應從始日起算，追索權時效亦同，故如於民國99年1月10日簽發一張本票，對發票人時效從1月10日起算，到102年1月9日屆滿，要特別注意，以免不懂法律，只差一天，因時效完成而受有不利益。

2. 追索權之消滅時效

　(1) 執票人對前手之追索權：依本條第2項規定：「匯票、本票之執票人，對前手之追索權，自作成拒絕證書日起算，一年間不行使，因時效而消滅。支票之執票人，對前手之追索權，四個月間不行使，因時效而消滅。其免除作成拒絕證書者，匯票、本票自到期日起算；支票自提示日起算。」

　(2) 背書人對前手之追索權：匯票、本票之背書人，對於前手之追索權，自為清償之日或被訴之日起算，六個月間不行使，因時效而消滅。支票之背書人，對前手之追索權，二個月間不行使，因時效而消滅。

(二) 票據時效之中斷：

　票據法對於時效中斷並無特別之規定，原則上應適用民法之規定，並作期間之調整。有疑義者，乃本條第2項所規定之支票執票人對於其前手之追索權，四個月間不行使，因時效而消滅。而民法第130條卻規定：「時效，因請求而中斷者，若於請求後六個月內不起訴者，視為不

中斷。」相較之下，票據法之時效規定為短，適用上應如何解決？實務上之見解認為，支票執票人對前手之追索權，四個月間不行使，因時效而消滅，為票據法第22條第2項所明定，此項時效期間較民法第130條規定六個月內起訴之期間為短，該執票人對前手之追索權時效，縱因請求而中斷，但自中斷之事由終止重行起算時效之日起四個月內，若另無中斷時效之事由發生，而未起訴者，其追索權仍因時效完成而消滅，不因民法第130條定有起訴之期間為六個月，而謂追索權尚未消滅。故民法第130條於適用票據法第22條第2項時，應縮短至四個月。

至於執票人向支票付款人為提示時，是否構成對發票人時效之中斷？解釋上支票之付款人對內為委任關係及消費寄託關係之受任人及受寄人，對外則為支票發票人之代理人，故執票人向付款人所為之提示，應視為執票人對支票發票人行使請求權之意思通知。例如支票執票人所為之提示，雖已逾票據法所規定之提示期限，但此項提示，仍應視為執票人行使請求權之意思通知，具有中斷時效之效力。

(三) 利益償還請求權：

1. 意義

   票據上之債權，雖依票據法因時效或手續之欠缺而消滅，執票人對於發票人或承兌人，於其所受利益之限度，仍得請求償還，稱為利益償還請求權。原則上票據權利應於本條規定之時效期間內行使，若票據權利人怠於在該法定期間內行使，執票人即喪失付款請求

權與追索權，將使票據發票人享有對價，乃至於使匯票之承兌人獲得資金之意外利得。因此，爲救濟此種不公平之現象，謀求當事人間之衡平性，特於本條第4項規定：「票據上之債權，雖依本法因時效或手續之欠缺而消滅，執票人對於發票人或承兌人，於其所受利益之限度，得請求償還。」

2. 性質

利益償還請求權，非基於票據關係之基礎而來，亦非基於民法之規定所衍生者。關於利益償還請求權之性質，有票據法上權利說、損害賠償請求權說、民法上不當得利說及票據法上特別請求權說之爭議。按利益償還請求權，並非基於票據關係所生之權利，僅爲票據法上，爲平衡當事人雙方之利益，而特別規定之一種票據法上的特種請求權。行使該權利時，執票人僅須證明票據債權消滅時，其爲眞正權利人即可，不以持有票據或有代替票據之除權判決爲必要。

3. 要件

(1) 主觀要件

①請求權人：利益償還之請求權人，須爲票據上權利消滅時之執票人，不以最後之背書人爲限。此所謂之正當請求權人，諸如因繼承、合併、一般債權讓與、轉付命令、拍賣、或背書而取得票據之執票人。履行票據債務而取得票據之人，例如背書人、保證人（票64），或因參加付款之參加付款人（票84）亦爲票據正當請求權人。又該權利係指實質上之權利，而非形式上之權利。換言

之，若因票據背書不連續而取得該票據者，雖票據形式有欠缺，但執票人若能證明其實質取得票據之關係時，該執票人仍享有請求權。相反地，若執票人取得形式上合法占有該票據之權利，但實質上並無權利者，此時不具有該請求權。

②償還義務人：償還義務人為匯票、本票、支票之發票人與匯票承兌人。至於背書人，因其於取得票據已付出對價，嗣將票據背書轉讓時，亦已自被背書人獲得對價，故背書人無獲得利益，自非本條所定之償還義務人。另票據發票人或匯票承兌人之保證人，雖為追索權行使之對象，但亦無受有利益，而非屬償還義務人。

(2) 客觀要件

①票據上之權利有效成立：利益償還請求權乃票據法之特別請求權，行使該權利時，執票人須證明票據債權消滅之時，為真正實質權利人，因此該票據必須形式要件合法存在，執票人始能證明為該票據上之真實權利人。否則票據無效，自無票據上之權利。

②票據上之權利因時效完成或保全手續欠缺而消滅：執票人於票據上之權利因時效完成（票22Ⅰ～Ⅲ）或保全手續之欠缺（票87）而消滅。

③發票人或承兌人因此受有利益：發票人須因免除票據之責任而取得票據之對價，承兌人因免除票據付款責任而受有資金時，始能成立利益償還請求權。而發票人或承兌人實際上受有利益若干，

　　則應由執票人負舉證責任。

4. 時效

利益償還請求權非票據上權利，而為本條第4項所規定之特別權利，其消滅時效期間，因票據法未另設明文規定，自應適用民法第125條所定十五年之規定。至於其時效期間之起算點，原則上應解為自票據權利消滅之日，即票據債權罹於時效或權利保全手續之欠缺，而無法對發票人或承兌人行使追索權之翌日開始計算。至於若原因關係之消滅時效短於利益償還請求權之消滅時效，則當償還權利人向發票人行使利益償還請求權時，發票人就原因關係提出時效經過之抗辯，是否應限制利益償還請求權之行使？最高法院過去之一貫見解皆認為本條第4項規定之利益償還請求權，係基於票據時效完成後或手續之欠缺所生之權利，與票據基礎原因關係所生之權利各自獨立，故執票人於未逾民法第125條規定十五年之期間行使利得償還請求權時，發票人或承兌人不得以原因關係所生權利之請求權消滅時效業已完成為抗辯。

5. 效力

依本條第4項之規定，此時執票人得向發票人或承兌人就其所受之利益，以意思表示請求返還。若未得實現，得向法院提起給付之訴請求之。利益償還請求權乃因票據債權消滅，其性質亦非基於票據權利而有訴訟，故應由被告（票據債務人）之住所地（民訴1普通審判籍）法院管轄。

第23條（黏單）

① 票據餘白不敷記載時，得黏單延長之。

② 黏單後第一記載人，應於騎縫上簽名。

解說

(一) 意義：

黏單為票據餘白不敷記載時，黏於票據上而供記載之空白紙片。

(二) 哪些票據行為得以黏單延長記載？

發票行為，為基本票據行為，故不應在黏單上為之。背書行為，依票據法第31條第1項之規定，得由背書人在匯票之黏單上為之。至於承兌與參加承兌得否在黏單上為之，採取否定說者認為因票據之性質或因該記載容易被偽造變造而不適於於黏單上記載，本書從之。

(三) 黏單之要件：

黏單之要件如下：1.票據餘白處不敷記載。2.黏單後之第一記載人，須於騎縫上簽名；其目的在於防止黏單與票據本身分離，並防止偽造與變造。

(四) 以黏單延長記載之效力及黏貼方式：

於黏單上所為之票據行為，與原票據上所為之票據行為，有同一之效力。有疑義者，實務上有疑問如下：支票改用橫式後，對支票背面加黏白紙應加黏貼於該支票之何處？於支票之下抑或於支票右側橫連下去？依票據法第23條、第31條第1項及第144條等規定，支票背面不敷使用，背書人即得以黏貼方式在支票背面加貼後簽章背書。如其背書合乎上開法條之規定，即於騎縫處已由

任一背書人簽名，則不論白紙係加貼於橫式支票之下或右側，均應認係票據本身之延長，其上之背書均應認係適法。但一般習慣係黏貼於中文橫式支票之下方。

|第二章|

匯　票

第24條（匯票應載事項）

① 匯票應記載左列事項，由發票人簽名：
　　一、表明其為匯票之文字。
　　二、一定之金額。
　　三、付款人之姓名或商號。
　　四、受款人之姓名或商號。
　　五、無條件支付之委託。
　　六、發票地。
　　七、發票年、月、日。
　　八、付款地。
　　九、到期日。
② 未載到期日者，視為見票即付。
③ 未載付款人者，以發票人為付款人。
④ 未載受款人者，以執票人為受款人。
⑤ 未載發票地者，以發票人之營業所、住所或居所所在地為發票地。
⑥ 未載付款地者，以付款人之營業所、住所或居所所在地為付款地。

解說

匯票為文義證券，因此，應記載之事項必須有明確規定，若未記載，其效果如何也有規範，茲說明如下：

(一) 第1項規定匯票應記載之事項，其中可分為絕對必要事項及相對必要記載事項，二者均為法定應記載事項。

1. 絕對必要記載事項：若未記載，則匯票無效者。
   匯票之款式屬於絕對必要記載事項者：(1)表明票據種類之文字；(2)一定之金額；(3)無條件支付之委託；(4)發票之年、月、日。

2. 相對必要記載事項：若未記載，則票據法另規定其效力者。
   匯票之款式屬於相對必要記載事項者：(1)付款人；(2)受款人；(3)發票地；(4)付款地；(5)到期日。

(二) 第2項至第6項分別規定相對必要記載事項，若未記載時之法律效果。

(三) 另尚有得記載之事項，即得記載，亦可不記載，若記載，則依其記載發生法律效果者。

屬於得記載事項者有：1. 擔當付款人（票26Ⅰ、49、69Ⅱ）；2. 預備付款人（票26Ⅱ、35、53Ⅰ、79Ⅰ）；3. 付款處所（票20、27、50）；4. 利息與利率（票28）；5. 免除擔保承兌之責（票29Ⅰ但、85Ⅱ）；6. 禁止背書轉讓（票30Ⅱ）；7. 請求承兌期限或禁止請求承兌期限（票44）；8. 見票後定期付款之匯票，其承兌提示延長或縮短之特約（票45Ⅲ）；9. 分期付款之記載（票65Ⅱ）；10. 見票後定期付款之匯票，其付款提示延長或縮短之記載（票66準用45）；11. 付款貨幣種類之特約（票75Ⅰ

但）；12. 免除作成拒絕證書之約定（票89II、94 I）；
13. 免除拒絕事實通知之記載（票90）；14. 禁止發行回頭
匯票之記載（票102 I 但）。

(四) 此外，尚有不得記載之事項，若有記載則票據無效者：
例如匯票上有免除擔保付款或附條件支付之記載者，該票
據即無效（票29III、24 I）。

實例

　　張三於民國110年8月1日簽發新台幣一百萬元的票據一
紙，到期日同年8月31日，交付予李四，作為購買電腦的貨款
之用。該票據是以「商業匯兌券」文字表示，請問該「商業匯
兌券」是否有效？

(一) 匯票為文義證券，因此，應記載之事項有明確規定，其中
之絕對必要記載事項，若未記載，則匯票無效。

(二) 匯票之款式屬於絕對必要記載事項者：1. 表明票據種類
之文字；2. 一定之金額；3. 無條件支付之委託；4. 發票之
年、月、日。

(三) 所謂應表明其為匯票之文字，不以「匯票」二字為限，凡
其他意義相同，足以表明匯票性質者均屬之，例如「商業
匯兌券」、「匯兌券」均可。

(四) 本例，張三於民國110年8月1日簽發新台幣一百萬元的票
據一紙，到期日同年8月31日，交付予李四，作為購買電
腦的貨款之用。該票據以「商業匯兌券」，代替通常使用
之「匯票」，基於有效解釋原則，應認為有效。

第25條（變則匯票）

① 發票人得以自己或付款人為受款人，並得以自己為付款人。

② 匯票未載受款人者，執票人得於無記名匯票之空白內，記載自己或他人為受款人，變更為記名匯票。

解說

本條為變則匯票及無記名匯票之規定，正常之匯票是發票人、付款人、受款人為不同之人，若其中一人可身兼數職，則為變則匯票，茲說明如下：

(一) 第1項為己受匯票、付受匯票、己付匯票等變則匯票之規定：

匯票依發票人、付款人、受款人是否可一人身兼數職之關係不同，而可分為一般匯票與變則匯票。

1. 一般匯票

所謂一般匯票，係指發票人、付款人與受款人，皆為不同人所組成之匯票。

2. 變則匯票

所謂變則匯票，係指發票人、付款人與受款人之票據關係中之一人，兼有其他關係人身分所組成之匯票。

依票據法第25條之規定，變則匯票之類型有：

(1) 己受匯票：又稱指己匯票，依票據法第25條第1項之規定，係指發票人以自己為受款人之匯票。

(2) 付受匯票：係指付款人與受款人為同一人之匯票。

(3) 己付匯票：又稱對己匯票，依票據法第25條第1項之規定，係指發票人以自己為付款人之匯票。匯票未

記載付款人時，依票據法第24條第3項之規定，以發票人為付款人，其效果與已付匯票相同。

(4) 己受己付匯票：為發票人以自己為付款人與受款人之匯票。

3. 由上述可知，發票人以自己為受款人即己受匯票；以付款人為受款人即為付受匯票；以自己為付款人即為己付匯票。

(二) 第2項為無記名匯票變更為記名匯票之規定：

匯票依是否記載受款人，可分為記名匯票、無記名匯票與指示匯票。

1. 記名匯票

記名匯票亦稱為抬頭匯票，係指發票人將受款人之姓名或商號名稱記載於其上之匯票。

2. 無記名匯票

無記名匯票係指不記載受款人姓名或商號名稱之匯票。依票據法第24條第4項之規定，未記載受款人之匯票，以執票人為受款人。另依本條第2項之規定，執票人得於無記名匯票之空白內，記載自己或他人為受款人，變更為記名匯票。

3. 指示匯票

所謂指示匯票，係指於匯票上除記載受款人或商號名稱外，並記載「或其指定人」文句之匯票。

> **第26條**（擔當付款人、預備付款人）
> ① 發票人得於付款人外，記載一人為擔當付款人。
> ② 發票人亦得於付款人外，記載在付款地之一人為預備付款人。

解說

　　本條為擔當付款人、預備付款人之規定，擔當付款人就是代替付款人付款之人，例如銀行作為擔當付款人，代替原來之付款人付款即是；預備付款人則為第二付款人，亦即本來之付款人若不付款，則由其付款，茲說明如下：

(一) 第1項為擔當付款人之規定：

　　擔當付款人就是代替付款人付款之人，本條第1項既規定，發票人得於付款人外，記載一人為擔當付款人，故若匯票人載有擔當付款人者，其付款之提示，應向擔當付款人為之（票69Ⅱ）。

(二) 第2項為預備付款人之規定：

　　預備付款人乃發票人於付款人外記載（背書人依第35條規定亦得記載）在付款地之一人，預備將來參加承兌或參加付款者，其既為參加承兌或參加付款而設，故只匯票有之。

(三) 擔當付款人與預備付款人之差異如下：

1. 擔當付款人只是代替付款人付款，並非付款人；預備付款人則為第二付款人。

2. 擔當付款人由發票人或付款人所指定；預備付款人則由發票人或背書人所指定。

3. 擔當付款人不限付款地之人；預備付款人則限付款地
之人。

第27條（付款處所）
發票人得記載在付款地之付款處所。

解說

　　本條規定，發票人得記載付款地之付款處所，以期付款之
便利。蓋因付款地指某一地域，例如台中市，其範圍甚廣，梨
山所在之和平區亦屬台中市；而付款處所指付款地內之特定的
地點，例如台中市台灣大道1號是也。

　　票據上指定有付款處所者，則執票人為行使或保全票據上
權利，對於票據關係人應為之行為，應在該處所為之。

第28條（利息及利率）
① 發票人得記載對於票據金額支付利息及其利率。
② 利率未經載明時，定為年利六釐。
③ 利息自發票日起算。但有特約者，不在此限。

解說

　　本條為發票人得記載利息及利率之規定，匯票與本票均為
信用證券，可以匯票與本票向他人融通資金，預先借款，故匯
票與本票均可記載利息及其利率，支票為支付證券，不可為此
記載，茲說明如下：

(一) 第1項為發票人得記載對於票據金額支付利息及其利率之
規定，既規定得記載，故為任意記載事項；又匯票與本票
均為信用證券，可記載利息及其利率，支票為支付證券，
不可為此記載。

(二) 第2項為利率未經載明時，定為年利六釐，即百分之六，
此為法定利率。

(三) 第3項為利息起算日之規定，因既有利息，自可約定起息
之日，如未約定，則應自發票日起算。

第29條（發票人之責任）

① 發票人應照匯票文義擔保承兌及付款。但得依特約免除
擔保承兌之責。

② 前項特約，應載明於匯票。

③ 匯票上有免除擔保付款之記載者，其記載無效。

解說

　　本條為匯票發票人責任，亦即匯票效力之規定，匯票發票
人是第一債務人，因此，應依匯票文義擔保承兌及付款，茲說
明如下：

(一) 匯票之效力：

　　1. 對發票人之效力

　　　　發票人應按照匯票文義，負擔保承兌及付款之責任（票
29Ⅰ）。發票人於匯票到期日前，付款人拒絕承兌時，
執票人得依票據法第106條規定作成拒絕證書，對發
票人行使追索權，此時發票人負擔保承兌之責任。惟

發票人之擔保承兌責任得依特約免除（票29Ⅰ但），
且該特約必須記載於匯票上，始生效力（票29Ⅱ）。

2. 對付款人之效力

付款制度，其目的在消滅票據債務。匯票經發票人發
票後，發票人負擔保付款之責任（票29Ⅰ）。付款人
未承兌前，於票據法上並無付款之義務；惟付款人一
經承兌，即成為票據之主債務人，應負付款之責。

3. 受款人之效力

受款人收受票據後，取得票據之付款請求權。惟該請求
權須經由承兌提示或參加承兌提示，始能請求，故該
請求權未經承兌或參加承兌前，僅屬期待權之性質。

(二) 依第1項規定，匯票發票人固得以特約免除擔保承兌，但
依第3項規定，卻不得免除擔保付款，若有此記載，其記
載無效，因若可免除擔保付款，則持票人權利毫無保障，
形同廢票也。

第二節　背書

第30條（轉讓方式與禁止轉讓）

① 匯票依背書及交付而轉讓。無記名匯票得僅依交付轉讓
之。

② 記名匯票發票人有禁止轉讓之記載者，不得轉讓。

③ 背書人於票上記載禁止轉讓者，仍得依背書而轉讓之。
但禁止轉讓者，對於禁止後再由背書取得匯票之人，不
負責任。

解說

　　本條為匯票轉讓方式與禁止轉讓效力之規定，匯票轉讓方式有背書轉讓及交付轉讓兩種方式；惟匯票如有禁止轉讓之記載者，其轉讓則多所限制，茲說明如下：

(一) 第1項規定，匯票得依背書及交付兩種方式轉讓，但無記名匯票，因未記載受款人之故，得僅依支付方式轉讓之。茲說明如下：

　　1. 背書之意義與性質

　　　　背書係執票人以讓與票據上權利之意思或其他之目的，而載於票據背面或黏單，並簽名於其上，所為之附屬票據行為。以讓與票據上權利之意思為背書者，為轉讓背書，又稱為通常背書；若背書並非在乎轉讓票據權利，而係另有其他目的，例如委任取款或設定質權等，則稱非轉讓背書。

　　2. 背書之種類

　　　　(1) 轉讓背書，又可分為：

　　　　　　① 一般轉讓背書，包括完全背書（又稱正式背書、記名背書）、空白背書（又稱略式背書、無記名式背書）。

　　　　　　② 特種轉讓背書，包括回頭背書（又稱還原背書）、期後背書（又稱後背書）。

　　　　(2) 非轉讓背書，又可分為：

　　　　　　① 委任取款背書（又稱委任背書）。

　　　　　　② 設質背書（亦稱質權背書）。

(二) 第2項規定，記名匯票發票人有禁止轉讓之記載者，不得轉讓，所謂記名匯票，即匯票發票人記載受款人為何人之

匯票，這種匯票，如果發票人又記載禁止轉讓，表示發票人除了與執票人發生票據關係外，不欲再與其他人發生票據關係，以免橫生瓜葛；同時可保留對受款人之抗辯權。因此，執票人即不得再藉由背書方式轉讓該票據，若於此種票據上為背書，亦不生背書之效力。

(三) 第3項規定，背書人於票上記載禁止轉讓者，仍得依背書而轉讓之。但禁止轉讓者，對於禁止後再由背書取得匯票之人不負責任。

亦即背書人雖為禁止轉讓之記載，該匯票仍可繼續背書流通，但記載禁止轉讓之背書人，只對自己之直接後手負責，對於由該後手再依背書取得匯票之人，可以拒絕其追索。

實 例

張三以王五為付款人，於民國110年8月1日簽發新台幣一百萬元的匯票一紙，到期日同年8月31日，交付予李四，作為向李四購買電腦的貨款之用。李四於8月10日將該匯票背書給馬六，借得新台幣一百萬元，請問李四如果是以記名背書將該匯票轉讓給馬六，應如何記載？

(一) 背書係執票人以讓與票據上權利之意思或其他之目的，而載於票據背面或黏單，並簽名於其上，所為之附屬票據行為。

(二) 本例李四將該匯票背書給馬六，借得新台幣一百萬元，屬於轉讓背書。

(三) 轉讓背書又可分為一般轉讓背書，包括完全背書（又稱正式背書、記名背書）、空白背書（又稱略式背書、無記名

式背書），及特種轉讓背書，包括回頭背書（又稱還原背書）、期後背書（又稱後背書）等。

(四) 本例李四如果是以記名背書將該匯票轉讓給馬六，應如何記載？茲說明其幾種款式如下：

1.	票面金額新台幣一百萬元讓予馬六	李四（簽名或蓋章）	110年08月10日
2.	被背書人 馬六	背書人（簽名或蓋章） 李四	年　月　日 110年08月10日
3.	被背書人馬六	背書人李四（簽名或蓋章）	110年08月10日

第31條（背書之處所與種類）
① 背書由背書人在匯票之背面或其黏單上為之。
② 背書人記載被背書人，並簽名於匯票者，為記名背書。
③ 背書人不記載被背書人，僅簽名於匯票者，為空白背書。
④ 前兩項之背書，背書人得記載背書之年、月、日。

解說

　　本條為背書之處所與種類之規定，背書顧名思義，乃在票背為之，惟若背書人多，或票背記載事項太多，餘白不敷記載，亦得在黏單上為之；茲說明如下：

(一) 第1項為背書處所之規定：

　　背書顧名思義，乃在票背為之，故第1項規定，背書由背書人在匯票之背面或其黏單上為之。

(二) 第2項爲記名背書之規定：

背書人記載被背書人，並簽名於匯票者，稱爲記名背書。

(三) 第3項爲空白背書之規定：

背書人不記載被背書人，僅簽背書人之姓名於匯票者，稱爲空白背書。

(四) 第4項規定，記名背書與空白背書，背書人得記載背書之年、月、日。

第32條（空白背書匯票之轉讓方式）

① 空白背書之匯票，得依匯票之交付轉讓之。

② 前項匯票，亦得以空白背書或記名背書轉讓之。

解說

空白背書就是背書人不記載被背書人，僅簽背書人之姓名於匯票者，茲說明如下：

(一) 第1項規定，空白背書之匯票，得依匯票之交付轉讓之：

空白背書乃不記載被背書人，而僅由背書人在票背簽名之謂，其樣式如下：

空白背書(一)

（票背）

空白背書(二)
（票背）

被背書人	背書人	年　月　日
（空白）	甲○○印	102年12月31日

(二) 第2項規定，前項匯票亦得以空白背書或記名背書轉
讓之：
承(一)所述，若甲空白背書給乙，乙再空白背書給丙，乙
若依空白背書(一)之方式背書，只要在票背蓋乙○○印或
簽乙名即可；若依空白背書(二)之方式背書，在接下去一
個欄位蓋乙○○印或簽乙名即可，被背書人處依然是空
白。
若乙以記名背書轉讓，則其格式變成如下：
承上空白背書(二)
（票背）

被背書人	背書人	年　月　日
（空白）	甲○○印	102年12月31日
丙○○	乙○○印	103年01月01日

第33條（空白背書匯票之轉讓方式）
匯票之最後背書為空白背書者，執票人得於該空白內，記載
自己或他人為被背書人，變更為記名背書，再為轉讓。

解說

本條為空白背書變更為記名背書的規定，茲說明如下：

(一) 本條規定匯票之最後背書為空白背書，即匯票已經多次背書，其前之背書不論是均為記名背書，或雜有空白背書，但最後一次之背書必須是空白背書的情況，執票人得記載自己或他人為被背書人，變更為記名背書，再為轉讓。

(二) 茲舉例如下：

被背書人	背書人	年　月　日
乙○○	甲○○印	102年12月31日
丙○○	乙○○印	103年01月01日
（空白）	丙○○印	103年01月02日

若丁為最後執票人，可在被背書人之空白處，填寫自己（丁）或他人（戊）為被背書人，再為轉讓。

(三) 綜合票據法第32、33條規定，空白背書匯票之轉讓方式有四：

1. 交付轉讓。
2. 再為空白背書轉讓。
3. 依記名背書轉讓。
4. 變更為記名背書而轉讓。

簡記法

空白背書票據之轉讓方式：交、空、記、變（以上熟背，考試時就能馬上反應，日常生活亦能熟練應用）。

> 第34條（回頭背書）
> ① 匯票得讓與發票人、承兌人、付款人或其他票據債務人。
> ② 前項受讓人，於匯票到期日前，得再為轉讓。

解說

本條為回頭背書之規定，回頭背書係以票據上之債務人為被背書人，亦即將票據背書轉讓與發票人、承兌人、付款人或其他票據債務人，又稱還原背書，茲說明如下：

(一) 第1項規定，匯票得讓與發票人、承兌人、付款人或其他票據債務人：

　　1. 回頭背書之意義

　　　　所謂回頭背書，乃係以票據上之債務人為被背書人之背書，亦即將票據背書轉讓與發票人、承兌人、付款人或其他票據債務人（票34、124、144），回頭背書為特種轉讓背書之一種，故其具有轉讓背書之權利移轉、權利證明及權利擔保之效力。

　　2. 回頭背書之效力

　　　　回頭背書之效力，因回頭背書之執票人不同而有差異。若執票人為發票人時，其對於前手無追索權（票99Ⅰ）；若執票人為背書人，則對於該背書之後手無追索權（票99Ⅱ）。然執票人為其他之票據債務人或票據關係人時其是否仍有追索權？執票人為承兌人時，承兌人因承兌後負付款之責（票52Ⅰ），為避免循環追索，應不許享有追索權；執票人為保證人或參

加承兌人時，除向被保證人或被參加人及其前手可行使追索權外，對於被保證人、被參加人之後手喪失追索權。

(二) 第2項規定，前項受讓人，於匯票到期日前，得再爲轉讓：

以票據債務人爲被背書人之回頭背書，票據債務人因此取得票據上之權利，而依民法第344條規定：「債權與債務同歸一人時，債之關係消滅。但其債權爲他人之權利之標的或法律另有規定外，不在此限。」此時票據上之權利原應依混同而消滅，惟爲促進票據之流通，票據法特別規定，回頭票據之受讓人於票據到期日前得再爲轉讓（票34II、124、144），而排除民法第344條之適用。

第35條（預備付款人）
背書人得記載在付款地之一人爲預備付款人。

解說

本條爲預備付款人之規定，預備付款人就是付款人不付款時，由其付款之人，茲說明如下：

(一) 預備付款人乃預備將來參加承兌或參加付款之目的而設，故只匯票有之。

(二) 預備付款人限於發票人或背書人有權指定，蓋預備付款乃預備將來參加承兌或參加付款而設，而參加承兌及參加付款又爲防止追索權之行使而設，追索權之行使對象爲發票人及背書人，故只有此二者，有權指定預備付款人。

(三) 預備付款人須爲付款人以外之人，且須在付款地始可，其所以如此，乃爲謀執票人向其請求參加承兌或參加付款之便也。

第36條（一部背書、分別轉讓背書、附條件背書）

就匯票金額之一部分所爲之背書，或將匯票金額分別轉讓於數人之背書，不生效力。背書附記條件者，其條件視爲無記載。

解說

　　本條爲一部背書、分別轉讓背書、附條件背書之規定，一部背書、分讓背書均違反背書之不可分性，故不生效力；附條件背書只是背書效力不確定，對於背書之效力，尚無影響，亦即被背書人，仍可依背書而取得票據權利。因此，背書附記條件者，僅其條件視爲無記載，對於背書之效力，尚無影響。茲說明如下：

(一) 一部背書：

　　一部背書指就匯票金額之一部分所爲之背書，例如匯票金額壹佰萬元，甲只就其中拾萬元轉讓給乙，自己保留玖拾萬元是也，此種背書違反背書之不可分性，故不生效力，理由如下：

　　1. 背書之成立，不僅須於證券記載，且須將證券交付。

　　2. 若甲背書給乙拾萬元，自己保留玖拾萬元，如何將該票據交付給乙？撕成兩半？或撕成十分之一與十分之九？此皆不可能也。

(二) 分讓背書：

分讓背書即就匯票金額分別轉讓於數人者，例如匯票金額壹佰萬元，甲將伍拾萬元轉讓給乙，另伍拾萬元轉讓給丙，此種背書違反票據背書之不可分性，故不生效力，理由同上。

(三) 附條件背書：

本條後段規定，背書附記條件者，其條件視為無記載。此稱為背書之單純性，因所附條件，無論是停止條件或解除條件，均會造成背書效力之不確定，對於票據流通有不利影響，故為法所不許。

不過，背書之單純性未若不可分性嚴格，若違反不可分性，不生效力，亦即該背書無效，被背書人不能依背書取得票據權利；而違反背書單純性時，僅其所附之條件視為無記載，即等於無條件而為背書，對於背書之效力，尚無影響，亦即被背書人，仍可依背書而取得票據權利也。

第37條（背書之連續與塗銷之背書）

① 執票人應以背書之連續，證明其權利。但背書中有空白背書時，其次之背書人，視為前空白背書之被背書人。

② 塗銷之背書，不影響背書之連續者，對於背書之連續，視為無記載。

③ 塗銷之背書，影響背書之連續者，對於背書之連續，視為未塗銷。

解說

本條為背書之連續性與背書塗銷效力之規定，執票人應以背書之連續，證明其權利，故執票人應特別注意背書有無連續，以免還要用其他方法證明取得票據之權利；至於背書之塗銷，有些情況不影響背書之連續，有些情況會影響背書之連續，其效果均不同，茲說明如下：

(一) 第1項規定，執票人應以背書之連續，證明其權利。但背書中有空白被書時，其次之背書人，視為前空白背書之被背書人。此為背書連續性之規定，亦為考試重點，茲詳述如下：

1. 背書連續之意義及適用範圍

(1) 所謂背書連續，係指自受款人至最後被背書人之執票人，形式上均相連續無間斷者而言。關於背書是否連續之認定，以依執票人提示請求付款時票據背面之記載，形式上得以判斷其連續即為已足。亦即，票據執票人固應以背書之連續，證明其權利。惟基於票據之流通性、無因性及交易之安全，背書是否連續，祇須依票背之記載，形式上得以判斷其連續即可，執票人無須證明支票各背書實質上均屬有效，故縱背書中有無權代理人所為之背書，或背書有偽造之情形，然於背書之連續並無影響。

(2) 首先，票據既指定有受款人，即應先由受款人背書後轉讓於被背書人，其被背書人或嗣後受讓票據之執票人，始得行使票據上之權利。

(3) 其次，無記名票據如以背書轉讓，由於背書連續係指自受款人至最後被背書人之執票人，形式上均相

連續無間斷者而言，而無記名票據既無受款人之記載，實務上即認為無記名票據自始未指定受款人，並不生票據背書不連續問題。因此，無記名票據在背書連續之判斷上，應改自第一背書人至最後被背書人之執票人，形式上是否相連續無間斷而認定之。

(4) 又應注意者，無記名票據得由執票人於空白內，記載自己或他人為受款人，變更為記名票據（票25 II、124、144），倘由執票人於無記名票據之空白內記載受款人，並將票據背書轉讓與受款人時，則因受款人並非自發票人受讓票據之人，此將造成形式上之背書之不連續，惟實務上認為，不能因該受款人未在票據背書，遽指為背書不連續，遂謂其不得向背書人行使票據上權利。

2. 背書不連續之效力

實務上認為當背書不連續時，票據雖非無效，但背書間斷後之執票人，即不得主張追索權或其他票據上之權利。

學界通說則認為，背書之不連續，係對於該不連續之部分，不生權利證明之效力，即執票人僅不能以該外形之事實，行使權利而已，並無超越此部分之效力，而絕對否認執票人行使權利。

職是之故，執票人如非因惡意或重大過失而取得票據，而能就不連續之處證明其實質權利關係者，則仍應准許其行使票據上之權利。

例如執票人基於繼承或公司合併而取得票據者，因其

並非因背書而受讓票據上之權利，將生形式上背書不連續之外觀，而依上開實務見解推論，將導致無法行使票據權利之不合理結論。依管見，背書連續僅具有推定執票人為權利人（權利證明）之效力，而非行使票據權利之絕對要件，背書不連續票據之執票人雖欠缺行使權利之形式資格，如能證明其取得票據權利之實質關係，則已修補背書間斷之缺失，而得行使票據權利。

3. 背書連續之舉例

被背書人	背書人	年　月　日
乙○○	甲○○印	102年12月31日
丙○○	乙○○印	103年01月01日
丁○○	丙○○印	103年01月02日

(二) 第2項規定，塗銷之背書，不影響背書之連續者，對於背書之連續，視為無記載：

1. 舉例（乙塗銷自己先前之背書，另再背書他人，仍為連續）

被背書人	背書人	年　月　日
乙○○	甲○○印	102年12月31日
丁○○	乙○○印	103年01月01日
丙○○	乙○○印	103年01月02日

例如被背書人乙本來打算先轉讓給丁，已為背書，但後來又想改讓給丙，而將前背書塗銷（打×處）是也。

2. 效力

乙塗銷自己前次之背書（即乙背書給丁）後，背書次序變成甲→乙，乙→丙背書仍為連續，此時，塗銷之背書，既不影響背書之連續，故該塗銷對於背書之連續，視為無記載。

(三) 第3項規定，塗銷之背書，影響背書之連續者，對於背書之連續，視為未塗銷。

1. 舉例（乙之背書被丙塗銷，變成不連續）

被背書人	背書人	年　月　日
乙○○	甲○○印	102年12月31日
丙○○	乙○○印	103年01月01日
丁○○	丙○○印	103年01月02日

2. 效力

(1) 本來甲背書給乙，乙背書給丙，丙背書給丁，形式上為：甲→乙，乙→丙，丙→丁，是連續的。

(2) 現今，丙塗銷乙原來之背書後，變成甲→乙，丙→丁，而乙→丙這一段中斷了，是謂塗銷之背書，影響背書連續之情形，此種情況，本項規定，對於背書之連續，視為未塗銷，如此，始能與票據法第38條之規定相配合。

票據法

第38條（故意塗銷背書）
執票人故意塗銷背書者，其被塗銷之背書人及其被塗銷背書人名次之後，而於未塗銷以前為背書者，均免其責任。

解說

　　本條為執票人故意塗銷背書效力之規定，執票人故意塗銷背書時，即有免除他人支票債務之意，因此，執票人故意塗銷背書者，其被塗銷之背書人及其被塗銷背書人名次之後，而於未塗銷以前已為背書者，均免其責任。茲說明如下：

(一) 被塗銷之背書人免其責任：
　　蓋背書人對於執票人本負有擔保承兌及擔保付款之責，而執票人亦有處分票據權利之能力，故執票人故意塗銷背書時，應認其有免除背書人責任之意思表示。

(二) 在被塗銷人名次之後，而於未塗銷以前為背書者，亦免除責任：
　　蓋其前手之責任既被免除，若其後手未隨同免除，而執票人仍可向其行使追索權時，則該後手為清償後，自仍可向該被塗銷之背書人行使追索權，如此，則執票人免除該被塗銷背書人之責任一事，無異徒送一空頭人情，可謂毫無意義。故法律乃規定，使其後手同時免除責任，俾不致發生此種結果。

(三) 名次在被塗銷背書人名次之前，或在塗銷之後始為背書者，均不能免其責任，亦即仍應負背書人之責任也。

第39條（背書人責任）
第二十九條之規定，於背書人準用之。

解說

　　本條為背書人責任之規定，依本法第29條之規定，於背書人準用之，亦即發票人應照匯票文義擔保承兌及付款之責任規定，於背書人準用之。茲說明如下：

(一) 本法第29條第1項規定，發票人應照匯票文義擔保承兌及付款，故背書人亦負擔保承兌及付款之責。不過，依同項但書規定，得依特約免除擔保承兌之責。

(二) 再依第29條第2項規定，免除擔保承兌之特約，應載明於匯票，故如有免除背書人擔保承兌之特約，亦應載明於匯票。

(三) 又依第29條第3項規定，匯票上有免除擔保付款之記載者，其記載無效，蓋若有免除背書人擔保付款之特約，則該匯票形同廢紙，故該特約之記載無效也。

重點

　　何謂準用？與適用、類推適用有何區別？

(一) 準用：

　　「準用」是對於性質相似的事項，法律為了節省筆墨，避免重複規定，造成法律條文的繁雜，因此，以明文規定準用其他條文之謂，例如背書人責任與發票人責任相近，故第39條明文規定背書人責任準用第29條發票人責任之規定。

(二) 適用：

「適用」就是對於性質完全相同的事項，法律明文規定直接引用該條文，也就是只要某事項符合某條文上的規定，都可以直接適用該條文，目的也是立法者為省筆墨，避免重複規定，造成法律條文的繁瑣。

(三) 類推適用：

「類推適用」指有些事項可能是因為立法者的疏忽而「漏未規定」，因此為追求法律的公平正義，基於「相類似的事項應該為相類似的處理」，所以利用類推適用的方法來彌補法律原未規定的空缺。

第40條（委任取款背書）

① 執票人以委任取款之目的而為背書時，應於匯票上記載之。

② 前項被背書人，得行使匯票上一切權利，並得以同一目的更為背書。

③ 其次之被背書人所得行使之權利，與第一被背書人同。

④ 票據債務人對於受任人所得提出之抗辯，以得對抗委任人者為限。

解說

本條為委任取款背書之規定，所謂委任取款背書，係背書人於票據上記載委任被背書人，以取款為目的之背書，對於抬頭禁止背書之票據，可依此法達到取款之目的，茲說明如下：

(一) 第1項為委任取款背書之意義及記載規定：

委任取款背書係背書人於票據上記載委任被背書人以取款為目的之背書（票40Ⅰ）。票據法並無規定應如何記載，一般在票據上明文記載委任被背書人取款，以表彰委任取款之意思者，均可認定具有委任取款之效力。又執票人以委任取款之目的而為背書時固應於票上記載之，惟記載之方式為何，票據法未設相關規定，應就票據上記載文字，本於票據客觀解釋原則加以認定。

(二) 第2項為委任取款背書被背書人權利之規定：

委任取款背書之目的不在轉讓票據所有權，僅係授與代理權委託被背書人取款，故被背書人所取得之票據權利與委任人同（票40Ⅱ），此權利不但包括票據上之權利，亦包括票據法上之權利。例如付款人拒絕付款時請求作成拒絕證書、票據訴訟之提起等。而被背書人更可以委任取款之目的，而將代理權以背書之形式移轉於他人行使（票40Ⅱ）。

有疑問者，得否於票上記載禁止委任取款背書？蓋票據法第40條規定得為委任取款背書之記載，雖票據法第30條亦有發票人得為禁止轉讓之記載，但卻無得否記載禁止委任取款之規定，故禁止委任取款之記載應不生票據法上之效力。因此，發票人於記名票據記載禁止背書轉讓，執票人固應受其限制（票30Ⅱ），而不得再背書轉讓其票據權利，但仍得以委任取款背書之方式，委託他人代為取款。

(三) 第3項規定，在委任取款背書，其次之被背書人所得
行使之權利：

委任取款背書乃以委任取款為目的，依本條第2項後段規
定，被背書人既得以同一目的更為背書，故其次之被背
書人，享有與第一被背書人同等之權利。

(四) 第4項規定，票據債務人對於受任人所得提出之抗
辯，以得對抗委任人者為限：

委任人（背書人）	為甲
受任人（被背書人）	為乙
承兌人	為丙
乙向丙請求付款	

丙是債務人，丙不得以乙欠丙之「貨款」，主張與「票
款」相抵銷，因票款是委任人甲的，不是受任人乙的。
可知委任取款背書之目的，既在委任取款，而不在於藉
背書移轉票據權利，同時，亦不生切斷票據債務人對於
背書人之抗辯權之效力。因而，縱屬禁止背書之票據，
亦不妨為委任取款背書也。

(五) 委任取款背書之例：

1. （票背記載）

票面金額委託
乙○○代收
委任人甲○○印 102年12月31日

2.　（票背記載）

票面金額祈付與本人代理人

乙〇〇

　　　　　　　　　　委任人甲〇〇印102年12月31日

(六) 另有與委任取款背書名稱相近之隱存委任取款背書，茲説明如下：

隱存委任取款背書又稱信託背書（indorsement of credit），即匯票執票人以取款爲目的委任背書，但未將此目的記載於匯票所爲之背書。此種背書，雖以委任取款爲目的，但外觀上爲通常之轉讓背書，故票據上之權利，應移轉於被背書人，因其委任取款之合意，僅係直接當事人間之人的抗辯事由，並非票據法上之問題，故票據法對此種背書未作明文規定。

第41條（期後背書）

① **到期日後之背書，僅有通常債權轉讓之效力。**

② **背書未記明日期者，推定其作成於到期日前。**

解説

　　本條爲期後背書之規定，到期日後之背書，即爲期後背書，票據到期本應即付款，不宜再背書流通，故到期日後之背書，僅有通常債權轉讓之效力。茲説明如下：

(一) 第1項為期後背書之意義及效力之規定：

到期日後之背書，即為期後背書。

所稱到期日，在匯票與本票，依票據上記載得以確定為付款之日期，有記載確定日期、發票日後一定期間、見票後一定期間三種，皆有明確之到期日。

然見票即付者，則以提示日為到期日（票66、124），提示期間原則為自發票日起六個月，如未載到期日，視為見票即付。

期後背書依票據法第41條第1項之規定，僅具有通常債權轉讓之效力，亦即受讓之後手繼受前手之瑕疵，關於票據法第13、14條之切斷人的抗辯與善意取得均不得適用，惟因期後背書為轉讓背書之一種，故仍具有權利證明之效力。

(二) 第2項規定，背書未記明日期者，推定其作成於到期日前：

背書人有時只在票背簽名，未記載日期，則到底是期前或期後背書，不能沒有明確規定，依本項規定，背書未記明日期者，推定為期前背書，但既曰推定，可舉反證推翻。

第三節　承兌

第42條（提示承兌之時期）
執票人於匯票到期日前，得向付款人為承兌之提示。

解說

　　本條為提示承兌時期之規定，所謂承兌指匯票付款人表示願意付款之謂，執票人於匯票到期日前，得向付款人為承兌之提示。所謂提示，乃執票人於到期日前，向付款人提示匯票，請求承兌之意，提示雖為執票人之權利，但票據法仍設有對提示之限制。

第43條（承兌之款式）
承兌應在匯票正面記載承兌字樣，由付款人簽名。
付款人僅在票面簽名者，視為承兌。

解說

　　本條為承兌款式之規定，所謂承兌指匯票付款人表示願意付款之謂，其承諾有正式與略式之分。茲說明如下：
(一) 承兌之意義與性質：
　　承兌為匯票付款人受發票人之委託，於到期日前接受承兌之提示，簽名於匯票上，表示願意負擔支付匯票金額之票據行為。承兌為匯票特有之制度，惟並非所有之匯票均須承兌，如見票即付之匯票（票44 I）即不必提示請求承兌。執票人得於到期日前向付款人為承兌之提示，預先得知付款人是否有付款之意思（票42）。
(二) 承兌之款式：
　　1. 承兌人之簽名
　　　　承兌之方式，應於匯票正面記載承兌之字樣，並由付款人簽名。且承兌人限於匯票之原本或發票人所製作

之複本上爲承兌（票116）。

2. 法定應記載事項

(1) 絕對必要記載事項

① 正式承兌（第1項）：依票據法第43條第1項規定，正式承兌之絕對必要記載事項爲：

甲、在匯票正面記載承兌字樣：承兌字樣包括記載承兌二字，或足以表示承兌意旨之文字，例如「兌」、「照兌」、「照付」字樣。

乙、由付款人簽名：依票據法第6條之規定，亦可以蓋章代替之。

② 略式承兌（第2項）：付款人僅簽名於匯票之正面，並未記載承兌或表明承兌之字樣，即爲略式承兌（票43Ⅱ）。

(2) 相對必要記載事項

依票據法第46條第2項之規定，承兌未記載承兌日期，該承兌亦有效。但見票後定期付款之匯票，或指定請求承兌期限之匯票，應由付款人於承兌時記載其日期（票46Ⅰ）。另執票人得請求作成拒絕承兌證書，以證明承兌日期，如未作成拒絕承兌證書者，則以發票人指定承兌期限之末日或發票日起六個月承兌期限之末日爲承兌日（票45Ⅱ、46Ⅱ）。

第44條（指定及禁止承兌之期限）

① 除見票即付之匯票外，發票人或背書人得在匯票上為應請求承兌之記載，並得指定其期限。

② 發票人得為於一定日期前，禁止請求承兌之記載。

③ 背書人所定應請求承兌之期限，不得在發票人所定禁止期限之內。

解說

本條為匯票指定請求承兌及禁止請求承兌之規定，茲說明如下：

(一) 第1項為發票人或背書人得指定請求承兌之規定：

　　1. 發票人記載者

　　　依第1項之規定，除見票即付之匯票外，發票人得在匯票上為應請求承兌之記載，並得指定其期限，為承兌之積極限制。發票人如有指定承兌期限，而執票人不於該期限內為行使或保全匯票上權利之行為者，對於發票人喪失追索權（票104 II）。

　　2. 背書人記載者

　　　依第1項之規定，除見票即付之匯票外，背書人得在匯票上為應請求承兌之記載，並得指定其期限。

(二) 第2項為發票人得禁止請求承兌之規定：

　　依第2項之規定，發票人得為於一定日期前，禁止請求承兌之記載，為承兌之消極效力。執票人如於該限制期限內請求承兌被拒時，不得行使追索權。

(三) 第3項規定，背書人指定應請求承兌之期限，不得在發票人所定禁止期限內，例如發票人記載，在民國102年12月

31日之前，禁止請求承兌，則背書人指定應請求承兌之期限，應在民國103年1月1日以後，以避免衝突也。

第45條（法定承兌期限）
① 見票後定期付款之匯票，應自發票日起六個月內為承兌之提示。
② 前項期限，發票人得以特約縮短或延長之。但延長之期限，不得逾六個月。

解說

本條為註期匯票承兌提示期限之規定，見票後定期付款之匯票，稱為註期匯票，此種註期匯票，應自發票日起六個月內為承兌之提示，以免永不提示，無法確定見票日期及付款責任。茲說明如下：

(一) 第1項為匯票法定承兌期限之規定：

見票後定期付款之匯票，係指見票後始能計算到期日之匯票，依本條第1項之規定，見票後定期付款之匯票，應自發票日起六個月內為承兌之提示。

(二) 第2項為匯票法定承兌期限得以特約縮短或延長之規定：

匯票之法定承兌期限並非絕對不變期間，發票人仍得以特約縮短或延長之，但延長之期限不得逾六個月（票45Ⅱ），執票人違反該期限規定者，對於該約定之發票人喪失追索權（票104Ⅱ）。

第46條（承兌日期記載之規定）

① 見票後定期付款之匯票，或指定請求承兌期限之匯票，應由付款人在承兌時，記載其日期。

② 承兌日期未經記載時，承兌仍屬有效。但執票人得請作成拒絕證書，證明承兌日期；未作成拒絕證書者，以前條所許或發票人指定之承兌期限之末日為承兌日。

解說

　　本條為付款人在承兌時，應記載其承兌日期，以明確其責任之規定，茲說明如下：

(一) 第1項規定，見票後定期付款之匯票，或指定請求承兌期限之匯票，應由付款人在承兌時記載其日期，例如付款人記載民國102年12月31日承兌是也。

(二) 第2項規定，付款人未記載承兌日期者，承兌仍為有效，但執票人得請求作成拒絕證書證明承兌日期；若未作成拒絕證書者，則以發票日起六個月之末日或發票人指定之承兌期限之末日為承兌日。

第47條（一部承兌、附條件承兌）

① 付款人承兌時，經執票人之同意，得就匯票金額之一部分為之。但執票人應將事由通知其前手。

② 承兌附條件者，視為承兌之拒絕。但承兌人仍依所附條件負其責任。

解說

本條為一部承兌與附條件承兌之規定，因一部付款既然許可，自然可以一部承兌；又承兌若附條件，為票據文義之變更，視為承兌之拒絕。茲說明如下：

(一) 一部承兌：

依第1項之規定，付款人承兌時，經執票人之同意，得就匯票金額之一部分為之，但執票人應將事由通知其前手。此外，依票據法第86條第1項之規定，執票人就未獲承兌之部分，應請求付款人作成拒絕證書證明之。

(二) 附條件承兌：

依第2項前段之規定，承兌附條件者，為票據文義之變更，視為承兌之拒絕。執票人得向其前手行使追索權。但執票人如不行使追索權，而願以付款人所附之條件向付款人行使付款請求權時，承兌人仍須依所附之條件負其責任（票47Ⅱ但）。

第48條（承兌之延期）
付款人於執票人請求承兌時，得請其延期為之。但以三日為限。

解說

本條為承兌延期之規定。

依本條之規定，付款人於執票人請求承兌時，得請其延長為之，但以三日為限。執票人若未於該延長之三日請求承兌時，喪失追索權（票104Ⅱ）。

第49條（擔當付款人之指定、塗銷與變更）

① 付款人於承兌時，得指定擔當付款人。

② 發票人已指定擔當付款人者，付款人於承兌時，得塗銷或變更之。

解說

　　本條為擔當付款人之指定、塗銷與變更之規定，擔當付款人為代替付款人付款之人，故付款人於承兌時，指定之擔當付款人，通常為銀行。茲分述如下：

(一) 第1項規定，付款人於承兌時，得指定擔當付款人。蓋匯票之付款人不若支票之限於金融業者，對執票人多所不便，故法律乃許付款人於承兌時指定擔當付款人，通常多指定銀行為之。

(二) 第2項規定，發票人已指定擔當付款人者，付款人於承兌時，得撤銷或變更之，即發票人所指定者不當時，付款人於承兌時，得予以撤銷或變更，以謀實際之便利也。

第50條（付款之處所）

付款人於承兌時，得於匯票上記載付款地之付款處所。

解說

　　按匯票之付款處所，發票人本得記載（票27），但依本條規定，付款人於承兌時亦得記載，且付款人對於付款處所之記載，不以發票人未經記載為前提，縱發票人已為記載時，付款人認有必要，亦得重複記載之。

第51條（承兌之撤銷）

付款人雖在匯票上簽名承兌，未將匯票交還執票人以前，仍得撤銷其承兌。但已向執票人或匯票簽名人以書面通知承兌者，不在此限。

解說

　　本條為承兌撤銷之規定，付款人僅簽名於匯票上而未交還，尚未完成票據行為，故許其撤銷。

　　應注意者，撤銷之對象為已發生效力之法律行為或意思表示，但付款人僅簽名於匯票上而未交還之情形，付款人尚未完成票據行為，承兌之意思表示尚未發生效力，故票據法第51條規定之撤銷，應為撤回或塗銷之意思。

第52條（承兌之效力）

① 付款人於承兌後，應負付款之責。

② 承兌人到期不付款者，執票人雖係原發票人，亦得就第九十七條及第九十八條所定之金額，直接請求支付。

解說

　　本條為承兌效力之規定，即付款人負付款責任及原發票人得行使付款請求權，茲說明如下：

(一) 第1項規定付款人負付款責任：

　　依本條第1項之規定，付款人於承兌後，即成為主債務人，應負付款之責。

(二) 第2項規定承兌人到期不付時，原發票人亦得行使付
　　款請求權：

　　　第2項規定，承兌人到期不付款時，執票人雖係原發票
　　人，亦得就票據法第97條及第98條所定之金額，向承兌人
　　直接請求支付，故匯票發票人得向承兌人行使付款請求
　　權。

第四節　參加承兌

第53條（請求參加承兌之時期與對象）

① 執票人於到期日前得行使追索權時，匯票上指定有預備
　付款人者，得請求其為參加承兌。

② 除預備付款人與票據債務人外，不問何人，經執票人同
　意，得以票據債務人中之一人為被參加人，而為參加承
　兌。

解說

　　本條為請求參加承兌之時期與對象之規定，參加承兌，
係當匯票不獲承兌或無法承兌時，為防止追索與保護票據債務
人，由第三人加入承兌之票據行為。茲說明如下：

(一) 參加承兌之意義：

　　　參加承兌，係當匯票不獲承兌或無法承兌時，為防止債
　　權人行使追索權與保護票據債務人之利益，得由第三人
　　加入票據關係而成為票據主債務人，為附屬之票據行
　　為。

(二) 第1項為請求預備付款人參加承兌：

預備付款人之目的，乃係防止到期日前之期前追索，即其專為參加承兌或參加付款而設者。

當匯票被拒絕承兌，或經承兌而不獲付款時，預備付款人即成為第二承兌人或第二付款人。故匯票上有預備付款人之記載時，不經執票人之同意得自動參加承兌，稱為當然參加承兌。票據法第53條第1項規定：「執票人於到期日前得行使追索權時，匯票上指定有預備付款人者，得請求其為參加承兌。」如預備付款人不自動參加承兌時，依該條規定，無法阻止執票人期前追索，亦即無法發揮預備付款人之功能，因此有學者主張應將該規定之「得」改為「應」字，始符合指定預備付款人設置之宗旨。

(三) 第2項為由票據債務人以外之人參加承兌：

票據債務人本應負擔票據債務責任，故無參加承兌之實益，依票據法第53條第2項前段之規定，不准其參加承兌。又除預備付款人與票據債務人以外之人，依票據法第53條第2項後段之規定，經執票人同意，得以票據債務人中之一人，為被參加人，而為參加承兌，稱為任意參加。

第54條（參加承兌之記載事項）

① 參加承兌，應在匯票正面記載左列各款，由參加承兌人
　 簽名：

一、參加承兌之意旨。

二、被參加人姓名。

三、年、月、日。

② 未記載被參加人者，視為為發票人參加承兌。

③ 預備付款人為參加承兌時，以指定預備付款人之人為被
　 參加人。

解說

　　本條為參加承兌應記載事項之規定，茲說明如下：

(一) 第1項第1、3款為參加承兌絕對必要記載事項之規定：

　　 參加承兌，依票據法本條第1項第1款之規定，參加承兌
　　 人必須於匯票正面，記載參加承兌之意旨，此與承兌不
　　 同者，乃承兌人可僅簽名於匯票上而為略式承兌（票
　　 43 Ⅱ），參加承兌則否，關於參加承兌意旨之記載，如
　　 使用「參加承兌」或「加入承兌」字樣即可；此外，依
　　 本條第1項第3款之規定，參加承兌人必須於匯票正面記
　　 載年、月、日；至於參加承兌人在匯票正面簽名亦為絕
　　 對必要記載事項。

(二) 第1項第2款及第2項為參加承兌相對必要記載事項之
　　 規定：

　　 參加承兌係第三人為被參加人之利益而加入票據關係，
　　 故依本條第1項第2款規定，應於匯票正面載明被參加人
　　 之姓名，以確定參加承兌人係為何人而參加承兌，如未

記載被參加人之姓名者，則視爲其爲發票人參加承兌（票54Ⅱ）。

(三) 第3項規定預備付款人爲參加承兌時，以指定預備付款之人爲被參加人：

如上述，參加承兌係第三人爲被參加人之利益而加入票據關係，因此第3項規定，預備付款人爲參加承兌時，以指定預備付款之人爲被參加人，以明確其權利義務關係。

第55條（參加之通知與怠於通知之效果）

① 參加人非受被參加人之委託而爲參加者，應於參加後四日內，將參加事由通知被參加人。

② 參加人怠於爲前項通知因而發生損害時，應負賠償之責。

解說

本條爲參加承兌之通知義務與怠於通知效果之規定，參加之通知是一種義務，故參加人怠於通知因而發生損害時，應負賠償之責。茲說明如下：

(一) 第1項規定，參加人非受被參加人之委託而參加承兌者，應於參加後四日內，將參加事由通知被參加人。因非受被參加人之委託而參加者，被參加人不一定知其事由，故參加人有通知之義務，此項通知對被參加人有下列三種作用：

1. 被參加人可期前清償，並對前手追索。

2. 被參加人得爲對於參加人償還之必要準備。

3. 被參加人若爲發票人，而發票人業已對付款人提供資金時，可及早向付款人追還；如尚未提供資金時，可不必再行提供。
(二) 第2項規定，參加人怠於爲前項通知因而發生損害時，應負賠償之責：參加之通知既有如上之作用，故怠於通知時，應負損害賠償之責。

第56條（參加承兌之效力）
① 執票人允許參加承兌後，不得於到期日前行使追索權。
② 被參加人及其前手，仍得於參加承兌後，向執票人支付第九十七條所定金額，請其交出匯票及拒絕證書。

解說

　　本條爲參加承兌效力之規定，參加承兌之目的，係防止期前追索，故執票人允許參加承兌後，不得於到期日前行使追索權，但參加承兌後，被參加人及其前手可期前償還。茲說明如下：

(一) 第1項爲對於執票人效力之規定：
　　參加承兌之目的，係防止期前追索，依票據法第56條第1項之規定，執票人允許參加承兌後，不得於到期日前行使追索權。

(二) 第2項爲對於被參加人及其前手效力之規定：
　　依第2項之規定，被參加人及其前手，仍得於參加承兌後，向執票人支付第97條所定金額，請其交出匯票及拒絕證書。

蓋匯票經參加承兌後，雖然可阻止執票人期前追索，使被參加人及其前手獲得暫不被追索之利益，但將來若付款人或擔當付款人不付款，而由參加承兌人參加付款時，則被參加人及其前手，仍須對參加承兌人償還，茲為避免將來償還金額擴大起見，本條乃賦予期前償還之權。

簡化

參加承兌後，執票人不得期前追索。

參加承兌後，被參加人及其前手可期前償還。

第57條（參加承兌人之責任）

付款人或擔當付款人，不於第六十九條及第七十條所定期限內付款時，參加承兌人應負支付第九十七條所定金額之責。

解說

本條為參加承兌人積極效力之規定，即付款人或擔當付款人，不於期限內付款時，參加承兌人應負支付匯票金額、利息等之責任，此稱為償還責任，又稱第二次的責任。茲說明如下：

付款人或擔當付款人，經執票人為付款提示後，不於到期日或其後二日內為付款，或付款人經執票人同意延期付款，而不於所延期限內付款時，參加承兌人應負支付匯票金額、利息、作成拒絕證書及其他必要費用之責任，此為第二次的責任，即償還之責任。

簡化

參加承兌人負有償還匯票金額等之責任，稱爲償還責任，又稱第二次的責任。

承兌人爲第一債務人，應負付款之責任，是爲第一次的責任。

第五節　保證

第58條（保證人之資格）

① 匯票之債務，得由保證人保證之。

② 前項保證人，除票據債務人外，不問何人，均得爲之。

解說

本條爲保證人資格之規定，保證人除票據債務人外，不問何人均得爲之，茲說明如下：

(一) 第1項規定，匯票之債務，得由保證人保證之：

保證係指票據債務人以外之第三人，以擔保票據債務人之票據債務爲目的，所爲之附屬票據行爲，依第1項規定，匯票之債務，得由保證人保證之。

(二) 第2項規定匯票保證人之資格：

依第2項之規定，保證人除票據債務人外，不問何人均得爲之，惟公司得否於匯票上爲保證人？第2項既規定：「前項保證人，除票據債務人外，不問何人均得爲之。」故公司應得於匯票或本票上爲保證人，但須符合公司法第16條第1項之規定。

第59條（保證之格式）

① 保證應在匯票或其謄本上記載左列各款，由保證人簽名：

一、保證人之意旨。

二、被保證人姓名。

三、年、月、日。

② 保證未載明年、月、日者，以發票年、月、日為年、月、日。

解說

本條為保證格式之規定，茲說明如下：

(一) 第1項為保證之格式：

　1. 須有保證人之簽名

　　依本項規定，保證應在匯票或其謄本上為之，並由保證人簽名。

　2. 必須為下列事項之記載

　　(1) 保證之意旨，例如記載保證、保付、擔保均可，但若只蓋章，未載明保證之意旨，自不得認其為保證。

　　(2) 被保證人之姓名。

　　(3) 保證之年月日。

(二) 第2項規定，保證未載年月日者，以發票之年月日為年月日，故此乃相對必要記載事項。

第60條（被保證人之擬制）

保證未載明被保證人者，視為為承兌人保證；其未經承兌者，視為為發票人保證。但得推知其為何人保證者，不在此限。

解說

　　本條為被保證人擬制之規定，即保證未載明被保證人者，視為為承兌人保證，因承兌人為匯票之主債務人，為承兌人保證，無異多增一個主債務人；其未經承兌者，則視為為發票人保證。茲說明如下：

(一) 保證未載明被保證人者，依但書規定，首應審查其是否可以推知其為何人保證，例如保證人簽名於發票人旁，自得推知其係為發票人保證。

(二) 如無法推知其係為何人保證時，本文設有補充規定如下：

　1. 已經承兌者，視為為承兌人保證

　　因承兌人為匯票之主債務人，為承兌人保證，無異多增一個主債務人（保證人與被保證人負同一之責任也），此對於執票人至為有利。同時，此種保證人如代為付款者，其他在票據上簽名之人，均可因而負責，對其他票據債務人亦有利，一舉兩得，故票據法乃如是規定也。

　2. 未經承兌者，視為為發票人保證

　　因發票人為最前手，保證人為發票人保證時，其責任等於發票人。此種保證人若代為付款者，亦可免除最多數人之債務，對其他票據債務人亦有利，一舉兩得，故票據法乃如是規定也。

第61條（保證人之責任）

① 保證人與被保證人負同一責任。

② 被保證人之債務縱為無效，保證人仍負擔其義務。但被保證人之債務，因方式之欠缺而為無效者，不在此限。

解說

本條為保證人責任之規定，保證人與被保證人負同一之責任，亦即保證之從屬性。茲說明如下：

(一) 第1項為保證人與被保證人負同一之責任，亦即從屬性之規定：

例如為承兌人保證，其責任等於承兌人，為發票人保證，其責任等於發票人。

依第1項之規定，保證人與被保證人負同一責任，稱為保證債務之從屬性。所謂同一責任，係指保證人與被保證人之責任種類相同、責任地位相同、責任範圍相同、責任時效相同。

(二) 第2項為保證人責任獨立性之規定：

依第2項規定，被保證人之債務，除係因方式之欠缺而為無效者外，縱為無效，保證人仍負擔其義務，此為保證行為之獨立性使然。所謂因方式欠缺而無效，係指票據行為形式上之欠缺，亦即欠缺絕對必要記載事項，依票據法第11條之規定，票據因而無效之情形。例如發票行為因未記載金額或發票日期而無效時，則附屬票據行為之保證亦無效。

第62條（共同保證之責任）
二人以上為保證時，均應連帶負責。

解說

　　本條為共同保證人責任之規定，二人以上為保證時，均應連帶負責，且不能以當事人之特約免除連帶責任。茲說明如下：

　　共同保證保證人應就被保證之債務，各負全部責任，此點與民法之共同保證不同，依民法第748條規定：「數人保證同一債務者，除契約另有訂定外，應連帶負保證責任。」即民法之共同保證，其連帶責任，可依契約而免除，票據之共同保證則否。

重點

　　民法之共同保證，其連帶責任，可以特約免除。

　　票據之共同保證，必負連帶責任，不能以當事人之特約免除。

第63條（一部保證）
保證得就匯票金額之一部分為之。

解說

　　本條為一部保證之規定，例如匯票金額壹佰萬元，只就其中壹拾萬元為保證是可以的，但如果是一部背書則否。

第64條（保證人之權利）

保證人清償債務後，得行使執票人對承兌人、被保證人及其前手之追索權。

解說

　　本條為保證人權利之規定，保證人為清償後，得對承兌人、被保證人及其前手行使追索權，此為當然之理；至於保證人之後手，則因保證人之清償而免除責任，故對於後手是無追索權可言。

第六節　到期日

第65條（到期日）

① 匯票之到期日，應依左列各式之一定之：

　一、定日付款。

　二、發票日後定期付款。

　三、見票即付。

　四、見票後定期付款。

② 分期付款之匯票，其中任何一期，到期不獲付款時，未到期部分，視為全部到期。

③ 前項視為到期之匯票金額中所含未到期之利息，於清償時，應扣減之。

④ 利息經約定於匯票到期日前分期付款者，任何一期利息到期不獲付款時，全部匯票金額視為均已到期。

解說

　　本條爲匯票到期日之規定。到期日之規定，有定日付款、發票日後定期付款、見票即付、見票後定期付款。茲說明如下：

(一) 第1項爲到期日之記載方式：

1. 定日付款

　　匯票上載明特定且確定之年、月、日爲到期日者，又稱定期匯票。若記載之到期日無法特定，則非定日付款。定日付款匯票之到期日，以票據所載之年、月、日屆至之日爲到期日，票上僅載月初、月中、月底者，謂月之1日、15日、末日（票68III）。

2. 發票日後定期付款（計期匯票）

　　匯票上載明以發票日經過後一定之期間爲到期日者，又稱計期匯票。至於發票日後定期付款匯票之到期日計算，若發票日後或見票日後一個月或數個月付款之匯票，以在應付款之月與該日期相當之日爲到期日，無相當日者，以該月末日爲到期日（票68 I）。若發票日後或見票日後一個月半或數個月半付款之匯票，應依前項規定計算全月後，加十五日，以其末日爲到期日（票68 II）。

3. 見票即付（即期匯票）

　　依票據法第66條第1項之規定，見票即付之匯票，以提示日爲到期日。故匯票執票人提示時，票據債務人應即付款，又稱即期匯票。若執票人不提示，依票據法第66條第2項之規定，準用票據法第45條第1項之結果，應自匯票發票日起六個月內爲承兌之提示，若違

背該期限不為行使或保全匯票權利者，執票人將承擔對於前手喪失追索權之後果（票104Ⅰ）。然該六個月雖非法定不變期間，發票人得以特約縮短或延長之，但延長之期限不得逾六個月（票45Ⅱ）。執票人不於該期限內為行使或保全匯票權利，對於該約定之前手喪失追索權（票104Ⅱ）。又依票據法第24條第1項第9款之規定，到期日為相對必要記載事項，未記載到期日者，視為見票即付（票24Ⅱ）。

4. 見票後定期付款（註期匯票）

依票據法第67條第1項之規定，見票後定期付款之匯票，依承兌日或拒絕承兌證書作成日計算到期日，又稱註期匯票。換言之，須在承兌時，註明承兌日期後，始能知悉到期日。應注意者，此種匯票，並非由承兌人於承兌時指定到期日，而係由發票人發票時已為記載，只不過是起算點由見票日起算而已。若見票後定期付款之匯票經拒絕承兌而未作成拒絕證書者，依第45條所規定承兌提示期限之末日，即以發票日起六個月之末日，或發票人特約約定自發票日起不逾所定之期限末日，計算到期日（票67Ⅱ準用45）。若發票日後或見票日後一個月或數個月付款之匯票，以在應付款之月與該日期相當之日為到期日，無相當日者，以該月末日為到期日（票68Ⅰ）。若發票日後或見票日後一個月半或數個月半付款之匯票，應依前項規定計算全月後，加十五日，以其末日為到期日（票68Ⅱ）。

(二) 第2項爲分期付款匯票之規定：

分期付款匯票係指匯票票面之金額，分爲若干部分，分別指定到期日之謂。依第2項之規定，分期付款之匯票，其中任何一期到期不獲付款時，未到期部分，視爲全部到期，乃票據法擬制使未到期之部分，視同已屆到期日之匯票得行使權利。

(三) 第3項爲分期付款匯票擬制到期部分，所含未到期利息扣減之規定：

依第2項規定，分期付款匯票，只要有任何一期到期不付，即擬制未到期部分全部到期，因此，爲避免執票人因而取得不當得利之利息，依票據法第65條第3項之規定，分期付款匯票視爲到期之匯票金額中，所含未到期之利息，於清償時應扣減之。有約定者，依約定扣減；若無，依法定年利六釐計算（票28Ⅱ排除民203之適用）扣減之。

(四) 第4項爲分期付款之匯票，利息經約定於匯票到期日前分期付款者，任何一期利息到期不獲付款時，全部匯票金額視爲均已到期。

重點

發票日後定期付款之匯票稱爲計期匯票。

見票即付之匯票稱爲即期匯票。

見票後定期付款之匯票稱爲註期匯票。

第66條（見票即付匯票之到期日）

① 見票即付之匯票，以提示日為到期日。

② 第四十五條之規定，於前項提示準用之。

解說

(一) 第1項規定，見票即付之匯票，以提示日為到期日：

見票即付匯票在見票日就要付款，所謂見票，就是執票人將匯票提示付款人請求付款，因此以提示日為到期日。

(二) 第45條之規定，於前項見票即付匯票之提示準用之：

對於見票即付之匯票，若執票人永不提示，付款人如何付款呢？依第2項之規定，準用票據法第45條第1項之結果，應自匯票發票日起六個月內為承兌之提示，若違背該期限不為行使或保全匯票權利者，執票人將承擔對於前手喪失追索權之後果（票104Ⅰ）。然該六個月雖非法定不變期間，發票人得以特約縮短或延長之，但延長之期限不得逾六個月（票45Ⅱ）。執票人不於該期限內為行使或保全匯票權利，對於該約定之前手喪失追索權（票104Ⅱ）。

第67條（見票後定期付款匯票之到期日）

① 見票後定期付款之匯票，依承兌日或拒絕承兌證書作成日，計算到期日。

② 匯票經拒絕承兌而未作成拒絕承兌證書者，依第四十五條所規定承兌提示期限之末日，計算到期日。

解說

(一) 所謂見票後定期付款，如「憑票祈於見票後三個月付」，見票是指承兌時之見票而言，因而此種匯票不僅須承兌，且須於一定期間內為承兌（票45），尤應於承兌時「註明」承兌日期，以便依該日計算到期日，故又稱「註期匯票」；又應注意者，「定期」二字指一定期間，而非某固定日期；又此之「定期」是由發票人在發票時記載，僅其起算點，繫於見票日而已，並非由承兌人指定是也。

(二) 匯票經拒絕承兌而未作成拒絕證書者，依第45條所規定承兌提示期限之末日，計算到期日。

本項所謂承兌提示期限有二種：一為法定期限（自發票日起六個月內），一為約定期限（發票人以特約延長或縮短之期限），見票後定期付款之匯票，未獲承兌，又未作成拒絕證書者，自應依上述兩種期限之末日計算到期日也。

舉例

甲於民國102年8月11日發行一紙見票後定期付款之匯票，內載：「憑票祈於見票後一個月付」，如受款人乙於9月5日向付款人丙提示，經其承兌者，則該匯票之到期日為見票日（9月5日）後一個月，即為10月5日是也；若未獲承兌，而於9月8日作成拒絕證書，則於9月8日起算一個月，即10月8日為到期日是也。

第68條（期間之計算方法）

① 發票日後或見票日後一個月或數個月付款之匯票，以在應付款之月與該日期相當之日為到期日；無相當日者，以該月末日為到期日。

② 發票日後或見票日後一個月半或數個月半付款之匯票，應依前項規定，計算全月後加十五日，以其末日為到期日。

③ 票上僅載月初、月中、月底者，謂月之一日、十五日、末日。

解說

(一) 發票日後或見票日後一個月或數個月付款之匯票，以在應付款之月與該日期相當之日為到期日；無相當日者，以該月末日為到期日。

例如：發票日為民國102年8月11日，載明發票日後二個月付款時，則應付款月為10月，其相當日即為10月11日。

若發票日為民國102年8月11日，載明見票日後二個月付款時，若承兌日為9月1日，9月1日乃見票日，加二個月，其相當日為11月1日。

再如：發票日若為102年12月31日，載明發票日後二個月付款時，因2月份無31日之相當日，則以該月末日，即2月28日為到期日。

(二) 發票日後或見票日後一個月半或數個月半付款之匯票，應依前項規定，計算全月後，加十五日，以其末日為到期日。

例如發票日為民國102年8月11日，載明發票日後一個月半付款者，應先計算全月，即9月11日，再加十五日，即9月

26日爲末日，此末日即爲到期日。

(三) 若匯票上僅記載月初、月中、月底者，謂月之1日、15
　　日、末日。例如若爲定日付款，載明：「憑票祈於八月底
　　付款」，到期日爲8月31日；如載明：「憑票祈於八月中
　　付款」，到期日爲8月15日。

第七節　付款

第69條（提示付款時期及對象）

① 執票人應於到期日或其後二日內，爲付款之提示。

② 匯票上載有擔當付款人者，其付款之提示，應向擔當付
　款人爲之。

③ 爲交換票據向票據交換所提示者，與付款之提示有同一
　效力。

解說

(一) 第1項規定，執票人應於到期日或其後二日內，爲付
　　款之提示：

　　匯票之提示付款期間，因其爲見票即付之匯票，抑或其
　　他之匯票（定日付款、發票日後定期付款或見票日後定
　　期付款）而有別。

　　在見票即付之匯票，依第66條準用第45條之結果，應在
　　發票日起，六個月內爲付款之提示。

　　本項規定則爲上述「其他之匯票」付款提示期間之規
　　定，應於到期日或其後二日內爲付款之提示，例如若9

月1日到期，在9月1日提示固可，9月2日提示亦可，9月3日提示也可，若不於期間內提示，則喪失追索權（票104）。

(二) 第2項規定，匯票上載有擔當付款人者，其付款之提示，應向擔當付款人為之：

因擔當付款人之設，旨在代付款人為付款，例如發票人與臺銀有往來，以臺銀為擔當付款人，則執票人應向臺銀為付款之提示。

(三) 第3項規定，為交換票據，向票據交換所提示者，與付款之提示有同一之效力：

交換票據需金融業者，且已加入交換者，始得行之，故此種提示，個人無法為之。

第70條（付款日期）

付款經執票人之同意，得延期為之。但以提示後三日為限。

解說

匯票之付款人不以金融業為限（故支票不准延期付款），個人亦可，但難免有銀錢不便之時，故如經執票人同意，得延期為之，惟仍以提示後三日內為限，是以保護其他票據關係人之利益，以免久懸不決也。

第71條（付款人之審查責任）

① 付款人對於背書不連續之匯票而付款者，應自負其責。

② 付款人對於背書簽名之真偽，及執票人是否為票據權利人，不負認定之責。但有惡意或重大過失時，不在此限。

解說

(一) 第1項為背書是否連續之審查：

付款人於付款時，本應對於真正權利人為付款，始生付款之效力。惟基於促進票據流通，票據法特別規定付款人僅須審查執票人之形式資格，而無庸調查執票人之實質資格，以期付款人得以儘速付款。

匯票是否具備款式，付款人應負形式審查責任，對於背書連續之執票人，應得推定為真正票據權利人。故票據法第71條第1項規定，付款人對於背書不連續之匯票而付款者，應自負其責，目的在促使付款人加強審查執票人之形式資格。

(二) 第2項規定，付款人對於背書簽名之真偽，及執票人是否票據權利人，不負認定之責。但有惡意或重大過失時，不在此限：

依第2項規定，付款人對於簽名之真偽不負認定之責。蓋簽名之真偽乃執票人之實體資格，審查較不易，不應課予付款人審查責任。

此外，就付款人應否對執票人是否為權利人加以審查而論，依第2項規定，亦不負認定之責。蓋執票人是否為權利人乃執票人之實體資格，與背書簽名之真偽同屬審查

不易，故不應課予付款人審查責任。

雖然依第2項之規定，付款人對於實質資格之審查不負其責任，但如有惡意及重大過失而付款，則例外負其認定之責。所謂惡意，係指明知執票人無受領權限而仍付款，例如詐欺；所謂重大過失，係指欠缺通常人之注意，因稍加注意即可得知，竟怠於注意致使不知。

> **第72條**（期前付款）
> ① 到期日前之付款，執票人得拒絕之。
> ② 付款人於到期日前付款者，應自負其責。

解說

(一) 第1項規定，到期日前之付款，執票人得拒絕之：

票據法為確保票據之流通，使執票人於到期日前得充分利用而享有期限利益，並獲取於到期日前所得主張之利息（票28、124），故規定付款人於到期日前之付款，執票人得拒絕之（票72 I、124），顯不同於民法之清償規定（民316）。

由於匯票及本票除見票即付者外，其到期日分別依其為定日付款、發票日後定期付款或見票後定期付款等情形而確定（票65、124），因而可發生期前付款之問題。相對地，支票因屬於支付證券，限於見票即付（票128 I），並無到期日之記載，故支票並無期前付款之問題（票144排除72之準用）。

至於遠期支票，於票載發票日前，執票人並不得為付款

之提示（票128 II），故執票人如於票載發票日前為付款
之提示，因支票債務尚未成立，故亦無所謂期前付款之
問題。

(二) 第2項規定，付款人於到期日前付款者，應自負其責：
依本項規定，如付款人於票據到期日前付款，應自負其
責，故如執票人非真正權利人，則付款人對於真正權利
人仍負有支付票款之義務。

第73條（一部付款）
一部分之付款，執票人不得拒絕。

解說

　　匯票之付款，若僅支付票載金額之一部者，為一部付款。
依本條之規定，付款人得一部付款，執票人不得拒絕，付款人
僅為一部付款時，付款人得要求執票人在票上記載所收金額，
並另給收據（票74 II）。

第74條（匯票之繳回性）
① 付款人付款時，得要求執票人記載收訖字樣簽名為證，
　　並交出匯票。
② 付款人為一部分之付款時，得要求執票人在票上記載所
　　收金額，並另給收據。

解說

(一) 第1項規定，付款人付款時，得要求執票人記載收訖字樣簽名爲證，並交出匯票：

蓋付款人付款後，票據權利應歸消滅，如不收回匯票，則執票人難免惡意，重複請求付款，故付款人得要求執票人記載收訖字樣簽名爲證，並交出匯票。

(二) 第2項規定付款人爲一部分之付款時，得要求執票人在票上記載所收金額，並另給收據：

依票據法第73條規定許爲一部付款，但因一部付款時，執票人對其他部分尚有追索權，匯票不能交還，自當以收據代之。既已另給收據，復須於票上記載所收金額者，乃防止執票人惡意利用該票據，以全額轉讓或追索也。

第75條（支付之貨幣）

① 表示匯票金額之貨幣，如爲付款地不通用者，得依付款日行市，以付款地通用之貨幣支付之。但有特約者，不在此限。

② 表示匯票金額之貨幣，如在發票地與付款地名同價異者，推定其爲付款地之貨幣。

解說

(一) 第1項規定匯票付款之標的：

匯票爲金錢證劵，匯票之付款，依第1項規定，自應照票面所載之貨幣爲給付，然票面所載貨幣之種類既無限

制，則難免有付款地不適用者，此時，除當事人另有特
約，必須以該項貨幣現實支付者外，付款人則有依付款
日行市以付款地通用貨幣支付之權利。

(二) 第2項為推定支付貨幣之規定：

例如台灣本島通用新台幣，過去金馬亦通用新台幣，但
有註明限金馬使用，若此二者，價值不同，即本項所謂
之名同價異。此時，若發票地為馬祖，付款地為台中市
之匯票，即推定以台灣流通之新台幣為支付貨幣，惟既
曰推定，是可舉反證推翻的，例如發票時已記明以馬祖
通用之新台幣為支付貨幣，則仍以馬祖通用者為支付工
具也。

第76條（匯票金額之提存）

執票人在第六十九條所定期限內，不為付款之提示時，票據
債務人得將匯票金額依法提存；其提存費用，由執票人負擔
之。

解說

　　付款有消滅票據關係之效力，與民法上之清償相當。惟若
執票人不依期限為付款之提示，付款人就沒有辦法消滅票據關
係，其票據債務將永遠處於不確定之狀態。為期能消除這種不
確定狀態，本條乃規定，票據債務人得將匯票金額依法提存，
其提存費用，由執票人負擔。

第八節 參加付款

> **第77條**（參加付款之期限）
> 參加付款，應於執票人得行使追索權時為之。但至遲不得逾拒絕證明作成期限之末日。

解說

(一) 所謂參加付款，係指付款人或擔當付款人不付款時，為防止追索權之行使，由付款人與擔當付款人以外之第三人代為付款之行為。其目的在保全票據債務人之信用，並防止執票人行使追索權。

有疑問者，乃票據法第77條僅規定，參加付款應於執票人得行使追索權時為之，然究應於到期日前或到期日後行使追索權？有學者認為參加付款主要為阻止到期追索之情形，蓋為阻止期前追索之功能，已有參加承兌制度，故應認參加付款制度，主要為阻止到期追索而設；惟鄭玉波教授則認為不論是為防止期前追索或到期追索，均可參加付款。

(二) 不論如何，參加付款有期限限制，即至遲不得逾拒絕證明作成期限之末日，此所謂之拒絕證明包括拒絕承兌證書及拒絕付款證書。

第78條（得參加付款人與拒絕參加付款之效果）

① 參加付款，不問何人，均得為之。

② 執票人拒絕參加付款者，對於被參加人及其後手喪失追索權。

解說

(一) 第1項規定，參加付款，不問何人，均得為之：

本項為任意參加之規定，依本項之規定，參加付款，不問何人，均得為之，故稱為任意參加。參加付款之主要目的，為代替其他票據債務人付款，付款並非票據行為之一種，故無須特定當事人始得為之。

(二) 第2項規定，執票人拒絕參加付款之效果：

原則上因參加付款人參加付款後，執票人就脫離票據關係，喪失票據權利；因此，執票人應同意參加付款，若執票人拒絕參加付款者，對於被參加人及其後手喪失追索權。

第79條（參加付款之提示）

① 付款人或擔當付款人，不於第六十九條及第七十條所定期限內付款者，有參加承兌人時，執票人應向參加承兌人為付款之提示；無參加承兌人而有預備付款人時，應向預備付款人為付款之提示。

② 參加承兌人或預備付款人，不於付款提示時為清償者，執票人應請作成拒絕付款證書之機關，於拒絕證書上載明之。

③執票人違反前二項規定時，對於被參加人與指定預備付款人之人及其後手，喪失追索權。

解說

(一) 第1項為當然參加及對其提示之規定：

依第1項之規定，付款人或擔當付款人不於到期日或其後二日內（票69），或如執票人同意延期而於所定之期限內（票70）付款者，有參加承兌人時，執票人應向參加承兌人為付款之提示；無參加承兌人而有預備付款人時，應向預備付款人為付款之提示。本項參加承兌人與預備付款人之參加，稱為當然參加。

(二) 第2項為參加承兌人或預備付款人不於付款提示時清償之效果：

依本項之規定，參加承兌人或預備付款人，不於付款提示時為清償者，執票人應請作成拒絕付款證書之機關，於拒絕證書上載明之。

(三) 第3項為執票人違反參加付款提示效果之規定：

依本項之規定，若執票人違反前述二項規定時，對於被參加人與指定預備付款人之人及其後手，喪失追索權。

第80條（優先參加人）

①請為參加付款者有數人時，其能免除最多數之債務者，有優先權。

②故意違反前項規定為參加付款者，對於因之未能免除債務人，喪失追索權。

③ 能免除最多數之債務者有數人時，應由受被參加人之委託者或預備付款人參加之。

解說

(一) 第1項為優先參加付款之規定：

1. 依第1項之規定，如為參加付款者有數人時，其能免除最多數之債務者，有優先權，稱為「優先參加」。就像飯局結束，大家搶著付錢，那應向誰收錢？大概餐館老闆都會察言觀色，看今天是誰請客，向誰收錢吧！

2. 茲舉例說明便易明瞭：

票據法第84條第2項規定：「被參加付款人之後手，因參加付款而免除債務。」依下圖，甲為發票人，以Z為付款人，甲將匯票支付乙，乙背書丙，丙背書丁，丁背書戊，戊背書己，因Z拒絕付款，而有A、B、C三人爭著要參加付款，那麼，誰為優先參加人呢？

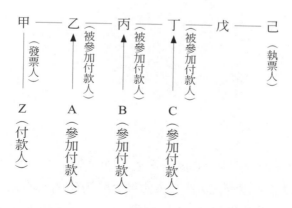

本例若C參加付款時，只能免除背書人戊一人之債務；B
參加付款時，能免除丁、戊二背書人之債務；若A參加付
款時，能免除丙、丁、戊三背書人之債務，法律乃規定A
爲優先參加付款人也。

(二) 第2項規定，違反第1項規定而參加付款者，對於因之
不能免除債務之人，喪失追索權：

例如上圖若C故意違反優先權之規定而參加付款時，則C
對於丙、丁喪失追索權，但在丙、丁方面觀之，仍可收
到由A參加時之同一效果（即丙、丁不會被追索），而C
則不利，蓋咎由自取也。

(三) 第3項規定，能免除最多數之債務者有數人時，應由
受被參加人之委託者或預備付款人參加之：

茲將本項規定，圖示如下：

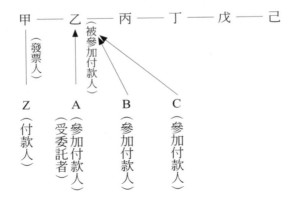

依上圖，A、B、C搶著爲乙參加付款，A、B、C均是能
免除最多債務之人，但A如果是受被參加人乙之委託，即
A爲受委託者，B、C並沒有受乙委託，則A爲優先參加

人。然若A為受委託者，B為預備付款人，二者競合時，宜如何處理？學者見解不一，有認為應由預備付款人優先參加，有認為應由受委託者優先參加；鄭玉波教授則認為依條文所列順序（受委託者排在先），及考慮當事人之意思（即已指定預備付款人在先，復委託他人參加付款在後，可見其已有不欲再令預備付款人參加付款之意），故應准由受委託參加者，優先參加為宜。

第81條（參加付款之金額）
參加付款，應就被參加人應支付金額之全部為之。

解說

本條為參加付款金額之規定。參加付款，應就被參加人應支付金額之全部為之，可見一部參加付款為法所不許，蓋參加付款乃屬變態，若再許一部參加，則為變態之變態，將使法律關係益趨繁雜矣！

第82條（參加付款之程序）
① 參加付款，應於拒絕付款證書內記載之。
② 參加承兌人付款，以被參加承兌人為被參加付款人。預備付款人付款，以指定預備付款人之人為被參加付款人。
③ 無參加承兌人或預備付款人，而匯票上未記載被參加付款人者，以發票人為被參加付款人。
④ 第五十五條之規定，於參加付款準用之。

解說

本條為參加付款程序之規定，茲說明如下：

(一) 第1項為參加付款款式之規定：

參加付款，應於拒絕付款證書內記載之。參加付款之記載事項，票據法並無明文規定，解釋上應於匯票上載明：1. 參加付款人付款之意旨；2. 被參加付款人之姓名；3. 年月日；4. 參加付款人之簽名。

(二) 第2項為被參加付款人之規定：

依本項之規定若有參加承兌人或預備付款人時，參加付款人應以參加承兌人或預備付款人為被參加付款人。

(三) 第3項亦為被參加付款人之規定：

依本項之規定，若無參加承兌人或預備付款人，而匯票上未記載被參加付款人者，以發票人為被參加付款人，蓋如此，始能免除多數人之債務也。

(四) 第4項為準用之規定：

依第4項之規定，準用票據法第55條規定之結果，參加付款人非受被參加付款人之委託，而為參加付款者，應於參加付款後四日內，將參加付款事由，通知被參加付款人。參加付款人怠於為前述之通知，因而發生損害時，應負賠償之責。

第83條（匯票之繳回性）

① 參加付款後，執票人應將匯票及收款清單交付參加付款人，有拒絕證書者，應一併交付之。

② 違反前項之規定者，對於參加付款人，應負損害賠償之責。

解說

(一) 第1項規定，參加付款後，執票人應繳回匯票及相關
　　　證件：

　　　蓋參加付款人之付款，應與執票人之交付匯票等，同時
　　　行之，如匯票等不交付，則參加付款人如何付款呢！

(二) 第2項為違反匯票繳回性效果之規定：

　　　即執票人違反匯票繳回性時，對於參加付款人所受之損
　　　害，應負損害賠償之責。

第84條（參加付款之效力）

① 參加付款人，對於承兌人、被參加付款人及其前手，取
　得執票人之權利。但不得以背書更為轉讓。

② 被參加付款人之後手，因參加付款而免除債務。

解說

(一) 第1項為對參加付款人效力之規定：

　　　參加付款人，對於承兌人、被參加付款人及其前手，取
　　　得執票人之權利，即取得付款請求權及追索權等權利是
　　　也。惟依但書規定，並不取得背書權，因付款人拒絕付
　　　款等情事發生，始有參加付款，此種匯票既已發生問
　　　題，自不應再許之流通也。

(二) 第2項規定，被參加付款人之後手，因參加付款而免
　　　除債務：

　　　此點與付款不同，付款則全部票據債務人均免除債務，
　　　此則僅一部分票據債務人免除債務，其餘如承兌人、被

參加付款人及其前手仍不能免除債務也。

第九節　追索權

第85條（到期追索與期前追索）

① 匯票到期不獲付款時，執票人於行使或保全匯票上權利之行為後，對於背書人、發票人及匯票上其他債務人，得行使追索權。

② 有左列情形之一者，雖在到期日前，執票人亦得行使前項權利：

一、匯票不獲承兌時。

二、付款人或承兌人死亡、逃避或其他原因，無從為承兌或付款提示時。

三、付款人或承兌人受破產宣告時。

解說

(一) 第1項為到期追索之規定：

1. 追索權之意義

所謂追索權，亦稱償還請求權，為執票人得依票據關係向票據債務人請求票據款項之權利。詳言之，乃執票人於匯票到期不獲付款或該匯票有不獲付款之可能（不獲承兌、無從承兌）時，執票人於行使或保全匯票上權利之行為後，對於背書人、發票人及匯票上之其他債務人得行使之權利（票85）。

因追索權為第二次行使之權利，故須於執票人行使付

款請求權被拒絕後，方能行使，若執票人未於法定期
間內爲保全之手續時，其對於第二債務人即喪失追索
權，故第二債務人負擔之責任爲相對責任，第一債務
人（主債務人）負擔之責任才是絕對責任。

2. 追索權之主體

(1) 執票人：最初之追索以執票人爲追索權利人，以執
票人之前手（背書人、發票人）與其他票據債務人
（保證人、參加承兌人）爲追索義務人追索之。

(2) 已清償票款取回票據之債務人：被追索者於清償票
款後取得與執票人同一之權利，得再對其前手行使
追索權，成爲再追索權利人。

(3) 其他履行償還義務之人：

① 保證人：保證人清償債務後，得行使執票人對承
兌人、被保證人及其前手之追索權。

② 參加付款人：參加付款人對於承兌人、被參加付
款人及其前手取得執票人之權利，故得行使追索
權，成爲再追索權利人。

3. 追索權行使之客體

追索權行使之客體，爲第二債務人，亦稱爲追索義務
人。得爲追索義務人之人爲匯票之承兌人、發票人、
背書人、參加承兌人及保證人。

4. 本項即爲上述之執票人行使到期追索之規定

即匯票到期不獲付款時，執票人於行使或保全匯票上
權利之行爲後，對於背書人、發票人及匯票上其他債
務人得行使追索權。

(二) 第2項為期前追索之規定：

期前追索，係指於下列情形之一者，雖在到期日前，執票人亦得行使追索權：

1. 匯票不獲承兌時。
2. 付款人或承兌人死亡、逃避或其他原因無從為承兌或付款提示時。
3. 付款人或承兌人受破產宣告時。

第86條（拒絕證書之作成）

① 匯票全部或一部不獲承兌或付款或無從為承兌或付款提示時，執票人應請求作成拒絕證書證明之。

② 付款人或承兌人在匯票上記載提示日期，及全部或一部承兌或付款之拒絕，經其簽名後，與作成拒絕證書有同一效力。

③ 付款人或承兌人之破產，以宣告破產裁定之正本或節本證明之。

解說

(一) 第1項為執票人應請求作成拒絕證書之規定：

拒絕證書之目的，為確認執票人是否為合法之提示、付款人是否為承兌或付款，以保護償還義務人之利益。匯票全部或一部不獲承兌或付款，或無從為承兌或付款提示時，執票人應請求作成拒絕證書證明之。

(二) 第2項爲略式拒絕證書，即以其他方法代替作成拒絕
　　證書之規定：
　　即付款人或承兌人在匯票上記載提示日期，及全部或一
　　部承兌或付款之拒絕，經其簽名後，與作成拒絕證書，
　　有同一效力（票86 II），即不必再請求付款人或承兌人
　　作成正式之拒絕證書也。此種辦法乃爲謀執票人之便利
　　而設，尤其支票更多如此者。
(三) 第3項爲以宣告破產裁定之正本或節本代替作成拒絕
　　證書之規定：
　　宣告破產之裁定具公信力，故執票人提出該裁定之正本
　　或節本足矣，不必再請求作成拒絕證書。

第87條（作成拒絕證書之期限）
① 拒絕承兌證書，應於提示承兌期限內作成之。
② 拒絕付款證書，應以拒絕付款日或其後五日內作成之。
　但執票人允許延期付款時，應於延期之末日，或其後五
　日內作成之。

解說

(一) 第1項爲拒絕承兌證書作成期限之規定：
　　拒絕承兌證書作成後，無須再爲付款提示，亦無須再請
　　求作成拒絕付款證書，此所以免除持票人之煩累也。
　　依本項規定，見票後定期付款之匯票，應於發票日後六
　　個月內；指定請求承兌期限之匯票，應於指定之期限
　　內，其他之匯票則應於到期日前，作成拒絕承兌證書。

(二) 第2項為拒絕付款證書作成期限之規定：
　　　拒絕付款證書，應以拒絕付款日或其後五日內作成之，
　　　但執票人允許延期付款時，應於延期之末日，或其後五
　　　日內作成之。

第88條（已作成拒絕承兌證書效果）
**拒絕承兌證書作成後，無須再為付款提示，亦無須再請求作
成付款拒絕證書。**

解說

　　本條為已作成拒絕承兌證書效果之規定，蓋已作成拒絕承
兌證書，即無須再為付款提示，亦無須再請求作成付款拒絕證
書，因後續動作等於畫蛇添足也。

第89條（拒絕理由之通知）
① 執票人應於拒絕證書作成後四日內，對於背書人、發票
　人及其他匯票上債務人，將拒絕事由通知之。
② 如有特約免除作成拒絕證書時，執票人應於拒絕承兌或
　拒絕付款後四日內，為前項之通知。
③ 背書人應於收到前項通知後四日內，通知其前手。
④ 背書人未於票據上記載住所或記載不明時，其通知對背
　書人之前手為之。

解說

(一) 第1項為執票人拒絕事由通知之規定：

依本項規定，執票人應於拒絕證書作成後四日內，對於背書人、發票人及其他匯票上債務人，將拒絕事由通知之，稱為直接通知主義，其通知目的，是為使償還義務人得以知悉承兌或付款被拒，有被行使追索權之準備。

(二) 第2項為有免除作成拒絕證書特約時，執票人拒絕事由通知之規定：

依本項規定，如有特約免除作成拒絕證書時，執票人應於拒絕承兌或拒絕付款後四日內，為拒絕事由之通知。

(三) 第3項為背書人拒絕事由通知之規定：

依本項規定，背書人應於收到前項通知後四日內，通知其前手，稱為遞次通知主義。

(四) 第4項為背書人未於背書時記載住所或記載不明時，如何將拒絕事由通知之規定：

依本項規定，背書人未於票據上記載住所或記載不明時，其通知對背書人之前手為之。由此可知該背書人因此喪失受通知之權利，從而，因其未受通知，而可發生之損害賠償請求權，自亦解為不能發生矣！

第90條（通知義務之免除）

發票人、背書人及匯票上其他債務人，得於第八十九條所定通知期限前，免除執票人通知之義務。

解說

　　因受拒絕事由之通知，既爲發票人、背書人等之權利，而發通知乃執票人、背書人等之義務，則發票人、背書人及匯票上其他債務人等，自可拋棄該項權利。當有發票人、背書人及匯票上其他債務人等拋棄該項權利時，執票人、背書人等自毋庸爲通知矣！

第91條（通知方法）

① 通知得用任何方法為之。但主張於第八十九條所定期限內曾為通知者，應負舉證之責。
② 付郵遞送之通知，如封面所記被通知人之住所無誤，視為已經通知。

解說

(一) 第1項爲通知方法任意選擇之規定：

　　通知之方法，得由執票人等自由選擇，口頭、書面均無不可，不過，對於已爲遵期通知之事實，應由通知義務人負舉證責任，因而通知人應妥善保存通知之證據。

(二) 第2項規定，付郵遞送之通知，如封面所載被通知人之住所無誤，視爲已經通知：

　　申言之，縱該通知未到達於相對人，亦可發生通知之效力，由此可知，本條是採發信主義，與民法採取到達主義者不同。

第92條（因不可抗力違誤通知之補救）

① 因不可抗力，不能於第八十九條所定期限內將通知發出者，應於障礙中止後四日內行之。
② 證明於第八十九條所定期間內已將通知發出者，認為遵守通知期限。

解說

(一) 第1項規定補救之方式：

所謂不可抗力，例如因天災事變，致交通斷絕，而非人力所能抗拒之情形而言，於此種情形，不為通知，非執票人之過失，法律乃准許於障礙中止後四日內補行通知。

(二) 第2項為若能證明於第89條所定期限已將通知發出者，認為遵守通知期限：

即如能證明已按第89條所定期限發出通知，不管受通知人有無收到，均認為已經遵守通知期限為通知，所以發通知者應妥慎保管通知之信函等。

第93條（怠於通知之效果）

不於第八十九條所定期限內為通知者，仍得行使追索權。但因其怠於通知發生損害時，應負賠償之責；其賠償金額，不得超過匯票金額。

解說

執票人等不於第89條所定期限內為通知者，仍得行使追索權，即通知並非追索權之行使要件，雖不通知，亦無妨行使追

索權，只是因怠於通知，致對方發生損害時，應負賠償之責而已。

第94條（免除作成拒絕證書）

① 發票人或背書人，得為免除作為拒絕證書之記載。

② 發票人為前項記載時，執票人得不請求作成拒絕證書，而行使追索權，但執票人仍請求作成拒絕證書時，應自負擔其費用。

③ 背書人為第一項記載時，僅對於該背書人發生效力。執票人作成拒絕證書者，得向匯票上其他簽名人要求償還其費用。

解說

(一) 第1項為允許發票人，背書人為免除作成拒絕證書之記載：

蓋責令執票人必須提示拒絕證書，雖可避免其未經提示而逕自追索，但拒絕證書之作成既須由被追索人負擔費用，又須將匯票喪失信用情事公開，對於被追索人不利，故法律允許其為免除作成拒絕證書之記載。

(二) 第2項為發票人免除作成拒絕證書效力之規定：

匯票如有免除作成拒絕證書之記載時，執票人得不請求作成拒絕證書而逕自行使追索權。但執票人如果堅持請求發票人或背書人作成拒絕證書時，應自負擔其費用。

(三) 第3項為背書人免除作成拒絕證書效力之規定：

依本項規定，背書人為免除作成拒絕證書之記載時，僅

對於該背書人發生效力。執票人作成拒絕證書者，得向匯票上其他簽名人，要求償還其費用。即背書人為免除作成拒絕證書之記載時，執票人對該背書人為追索時，可以不作成拒絕證書，但對於其他之人追索時，仍須作成拒絕證書，不過該項費用，應由其他之人負擔。

重點

發票人為免除作成拒絕證書之記載時，執票人對任何人行使追索權，均可以不作成拒絕證書。

背書人為免除作成拒絕證書之記載時，執票人對該背書人追索，不必作成拒絕證書，但對其他人追索仍須作成拒絕證書。

第95條（提示義務）
匯票人雖有免除作成拒絕證書之記載，執票人仍應於所定期限內為承兌或付款之提示。但對於執票人主張未為提示者，應負舉證之責。

解說

(一) 蓋免除作成拒絕證書，不過免除執票人已經遵期提示之舉證責任，並非對於執票人之承兌提示責任或付款提示責任亦一概免除也。意即匯票上雖有免除作成拒絕證書之記載，執票人仍應於所定期限內為承兌或付款之提示。

(二) 既免除執票人之舉證責任，本條但書乃規定：「但對於執票人主張未為提示者，應負舉證之責。」是為舉證責任之

轉換，即本應由執票人對已遵期提示被拒絕一事舉證（即執票人應請求作成拒絕證書來證明已遵期提示被拒），現改由對方舉證，即被追索者若未能舉證，縱執票人未為提示拒絕證書，亦不能拒絕其追索也。

重點

執票人本有承兌或付款提示之義務。

縱使有免除作成拒絕證書之記載，執票人仍有承兌或付款提示之義務。

若有免除作成拒絕證書之記載，對於提示與否之舉證責任，由執票人轉為被追索人。

若有免除作成拒絕證書之記載，縱執票人未為提示，其不必負舉證責任，反應由被追索者，舉證證明執票人未遵期提示，此舉證責任之轉換係依票據法規定，故稱「法定舉證責任之轉換」。

第96條（票據債務人責任）

① 發票人、承兌人、背書人及其他票據債務人，對於執票人連帶負責。

② 執票人得不依負擔債務之先後，對於前項債務人之一人或數人或全體行使追索權。

③ 執票人對於債務人之一人或數人已為追索者，對於其他票據債務人，仍得行使追索權。

④ 被追索者已為清債時，與執票人有同一權利。

解說

(一) 第1項規定，發票人、承兌人、背書人及其他票據債務人，對於執票人連帶負責，即連帶追索之規定：

本項爲追索權連帶性效力之規定，即償還義務人應對執票人負連帶責任，惟此種連帶責任與民法之連帶責任不同，舉重要者說明如下：

1. 民法上之連帶債務，若其中一人爲清償時，他債務人亦同免除其責任（民274）；票據法上之連帶債務，除承兌人爲付款外，其他償還義務人之償還，僅能免除其本人及其後手之責任，至於其前手及承兌人之責任，卻不能因之而免除，易言之，已爲償還之人仍可再追索也。

2. 民法上連帶債務人中之一人，對於債權人有債權者，以該債務人應分擔之部分爲限，得主張抵銷（民277）；票據法上之連帶債務，其債務人既無應分擔之部分，自不得爲此種抵銷之主張也。

(二) 第2項爲選擇追索（飛越追索）之規定：

依本項規定，執票人得不依負擔債務之先後，對於前項債務人之一人或數人或全體行使追索權，此稱爲追索權之選擇性，即可選擇其中任何一人或數人，或全體爲追索；又因其可飛越某債務人，而向他債務人追索，無一定之先後次序，高興找誰就找誰，故又稱飛越追索。

(三) 第3項爲變更追索之規定：

依本項之規定，執票人對於債務人之一人或數人已爲追索者，對於其他票據債務人，仍得行使追索權，即對部分人追索不足，仍可向其他債務人追索，亦稱追索權之

變更效力或轉向效力。

(四) 第4項為代位追索之規定：

依本項之規定，被追索者，已為清償時，與執票人有同
一權利，故清償之被追索人得向其前手行使追索權，亦
為飛越性及變更性之展現，此又稱為追索權之代位效
力。

第97條（得追索之金額）

① 執票人向匯票債務人行使追索權時，得要求左列金額：

一、被拒絕承兌或付款之匯票金額，如有約定利息者，
其利息。

二、自到期日起如無約定利率者，依年利六釐計算之利息。

三、作成拒絕證書與通知及其他必要費用。

② 於到期日前付款者，自付款日至到期日前之利息，應由
匯票金額內扣除。無約定利率者，依年利六釐計算。

解說

(一) 第1項為最初得追索金額之規定：

執票人向匯票債務人行使追索權時，得要求下列金額：

1. 被拒絕承兌或付款之匯票金額，如有約定利息者，其利
息。

2. 自到期日起如無約定利率者，依年利六釐計算之利息。

3. 作成拒絕證書與通知及其他必要費用。

此為最初得追索金額之規定，第1款所列之被拒絕承兌或
付款之匯票金額，在全部被拒絕時，為票面金額；在一

部拒絕者，爲該一部分之金額，如有約定利息者，並將其利息算入之。

(二) 第2項爲倒扣利息之規定：

即於到期日前付款者，自付款日至到期日前之利息，應由匯票金額內扣除之，此種倒扣利息，乃爲免執票人取得不當之利益也。

第98條（再追索之金額）

① 為第九十七條之清償者，得向承兌人或前手要求左列金額：

一、所支付之總金額。

二、前款金額之利息。

三、所支出之必要費用。

② 發票人為第九十七條之清償者，向承兌人要求之金額同。

解說

(一) 第1項爲再追索金額之規定：

依本項之規定，爲票據法第97條之清償者，得向承兌人或前手要求下列金額：

1. 所支付之總金額。

2. 前款金額之利息。

3. 所支出之必要費用。

由上述可知，追索之次數越多，追索之金額越大，且利息亦可再加利息，對於各當事人均屬不利也。

(二) 第2項規定發票人亦得向承兌人追索：

本項規定，發票人為第97條之清償者，向承兌人要求之金額同。似在明示發票人亦得為追索權人，而承兌人亦得為償還義務人也。

第99條（回頭背書匯票之追索權）

① 執票人為發票人時，對其前手無追索權。

② 執票人為背書人時，對該背書之後手無追索權。

解說

本條為回頭背書之追索權規定。

(一) 回頭匯票之意義：

回頭匯票者乃追索權人因行使追索權，向償還義務人所發行之一種匯票，此種匯票之發行乃行使追索權之一種特殊方法，蓋為遠隔兩地（尤其於國際間）之追索者而設也。

(二) 回頭匯票發行之實益：

若追索權人與義務人遠地相隔者，則追索與清償往往需費周折，而遷延時日，此際，若以發行回頭匯票方式為之，則追索權人或可就地（原匯票付款地）向銀行貼現；或以之清償債務（如清償與償還義務人同地之債權人之債務是）最為便利也。

(三) 在回頭匯票，若最後之執票人為發票人時，對其前手無追索權；若為背書人，對該背書之後手無追索權，目的在防止循環追索。

舉例

(一) 甲爲發票人，受款人乙，乙背書丙，丙背書丁，丁若再背書給發票人甲，則其關係如下：甲→乙→丙→丁→甲，則甲對其前手丁、丙、乙無追索權，否則，甲若追索丁，丁會追索丙，丙會追索乙，乙又追索甲，將造成循環追索也。

(二) 循上例，若在甲→乙→丙→丁過程中，丁爲執票人，若丁背書給丙，丙變成最後執票人，過程如下：甲→乙→丙→丁→丙，則丙對丁無追索權。

第100條（被追索人之權利）
① 匯票債務人為清償時，執票人應交出匯票。有拒絕證書時，應一併交出。
② 匯票債務人為前項清償，如有利息及費用者，執票人應出具收據及償還計算書。
③ 背書人為清償時，得塗銷自己及其後手之背書。

解說

本條爲被追索人權利之規定，茲說明如下：

(一) 第1項爲請求交出匯票之權利：

票據權利之行使須持有票據，故匯票之債務人爲清償時，可請求執票人交出匯票，如有拒絕證書，應一併交出，惟此僅指全部追索而全部清償之情形，若對一部追索而爲一部清償時，應依第101條之規定處理。

(二) 第2項規定匯票債務人爲前項清償，如有利息及費用者，執票人應出具收據及償還計算書。

(三) 第3項爲背書塗銷之權利：

背書人爲清償時，得塗銷自己及其後手之背書，所以如此者，因已爲償還之背書人及其後手，既均免其責任，其背書非惟無再留存於匯票及上之必要，且若不塗銷，萬一落入善意人之手時，則難免遭意外之再度追索也。

第101條 （一部承兌時之追索）

匯票金額一部分獲承兌時，清償未獲承兌部分之人，得要求執票人在匯票上記載其事由，另行出具收據，並交出匯票之謄本及拒絕承兌證書。

解說

依本條之規定，匯票金額一部分獲承兌時，清償未獲承兌部分之人，得要求執票人在匯票上記載其事由，另行出具收據，並交出匯票之謄本及拒絕承兌證書，所謂得要求執票人在匯票上記載其事由，因執票人尚須保存該匯票，以便於到期日向承兌人請求該承兌部分之付款，故只能要求其記載已爲償還之事由也。所謂收據，即受領一部償還之收據也。所謂謄本，詳後述。所謂拒絕承兌證書，指依第86條第1項所作之拒絕證書而言。

本條乃指一部承兌一部追索之情形；若爲一部付款一部追索時，執票人仍應交出匯票，自不待言。

重點

　　一部承兌，一部追索時：記載事由＋另行出具收據（不必交出匯票）。

　　一部付款，一部追索時：應交出匯票。

第102條（發行回頭匯票之追索）

① 有追索權者，得以發票人或前背書人之一人或其他票據債務人為付款人，向其住所所在地發見票即付之匯票。但有相反約定時，不在此限。

② 前項匯票之金額，於第九十七條及第九十八條所列者外，得加經紀費及印花稅。

解說

(一) 第1項為回頭匯票之定義：

　　回頭匯票，乃有追索權者，得以發票人或前背書人之一人或其他票據債務人為付款人，向其住所地發出見票即付之匯票。但有相反約定時，不在此限。

　　因此，所謂回頭匯票乃追索權人因行使追索權，向償還義務人回頭發行的一種匯票。

(二) 第2項規定回頭匯票之金額：

　　回頭匯票之金額須依法定，而非任意發行，如係執票人之第一次追索時，則其金額須依第97條之規定，並加列經紀費（發行回頭匯票所生之手續費）及印花稅；如係背書人再追索時，則其金額應依第98條之所定，再加經紀費及印花稅。

第103條（回頭匯票金額之決定）
① 執票人依第一百零二條之規定發匯票時，其金額依原匯票付款地匯往前手所在地之見票即付匯票之市價定之。
② 背書人依第一百零二條之規定發匯票時，其金額依其所在地匯往前手所在地之見票即付匯票之市價定之。
③ 前二項市價，以發票日之市價為準。

解說

(一) 第1項為執票人發回頭匯票時，匯票市價換算標準之規定：

即執票人第一次追索，而發回頭匯票時，其金額依原匯票付款地匯往前手所在地之見票即付匯票之市價定之，即執票人以在原匯票付款地現實取得應得之款為原則，至因原匯票付款地與回頭匯票付款地匯票市價漲落之損益與其無關，應歸被追索之前手也。

(二) 第2項為背書人發回頭匯票時，匯票市價換算標準之規定。

(三) 第3項為市價之定義，係以發票日之市價為準。

第104條（追索權之喪失）
① 執票人不於本法所定期限內為行使或保全匯票上權利之行為者，對於前手喪失追索權。
② 執票人不於約定期限內為前項行為者，對於該約定之前手喪失追索權。

解說

(一) 第1項爲執票人不遵法定期限行使權利喪失追索權之
　　規定：

　　執票人不於本法所定期限內爲行使或保全匯票上權利之
　　行爲者，對於前手喪失追索權。

　　目前實務上見解認爲票據法第104條所稱前手並不包括匯
　　票承兌人在內，而本票之發票人與匯票之承兌人均同屬
　　票據之主債務人，依同一法理，該條所謂前手自不包括
　　本票之發票人。

(二) 第2項爲執票人不遵約定期限行保權利喪失追索權之
　　規定：

　　執票人不於約定期限內爲行使或保全匯票上權利之行爲
　　者，對該約定之前手，喪失追索權。然對於其他前手仍
　　不喪失追索權。所謂約定期限，如發票人或承兌人所指
　　定之承兌期限（票44），發票人依特約縮短或延長之承
　　兌或付款提示期限（票45Ⅱ、66Ⅱ等）。

第105條（遇不可抗力事變之處置）

① 執票人因不可抗力之事變，不能於所定期限內為承兌或
　付款之提示，應將其事由從速通知發票人、背書人及其
　他票據債務人。

② 第八十九條至第九十三條之規定，於前項通知準用之。

③ 不可抗力之事變終止後，執票人應即對付款人提示。

④ 如事變延至到期日後三十日以外時，執票人得逕行使追
　索權，無須提示或作成拒絕證書。

⑤匯票為見票即付或見票後定期付款者，前項三十日之期限，自執票人通知其前手之日起算。

解說

(一) 第1項為執票人因不可抗力之事變，不能於所定期限內為承兌或付款之提示時，應將其事由從速通知追索義務人之規定：

執票人如不遵守法定或約定的付款提示期限，承兌提示期限，將喪失追索權；惟若因不可抗力之事變，導致其無法遵守時，亦一概喪失追索權，未免過苛，因此，第1項規定，執票人應將其事由從速通知發票人、背書人及其他票據債務人，俾追索權不致於喪失。

(二) 第2項規定，第89條至第93條有關通知方法及通知期限之規定，於前項之通知準用之。

(三) 依第3項規定，承兌或付款提示之期限，在不可抗力事變存在期間，當然隨之延長，且到事變終止後，執票人始應為付款之提示，惟如果遭受拒絕時，仍應依規定作成拒絕證書，始能追索。

(四) 第4規定如事變延至到期日後三十日以外時，執票人得逕行使追索權，無須提示或作成拒絕證書，此所以保護執票人也，且此係指有確定到期日之匯票而言，若匯票之到期日須待提示後始能確定者，依第5項之規定處理。

(五) 第5項規定見票即付或見票後定期付款者，前項三十日之期限，自執票人通知其前手之日起算：

即提示後始能確定到期日之匯票，係以執票人依第1項規定為通知之日，為假定的到期日，而自該日起事變延至

三十日以外時，執票人得逕行使追索權，亦無須提示或作成拒絕證書。

第十節　拒絕證書

第106條（拒絕證書作成機關）
拒絕證書，由執票人請求拒絕承兌地或拒絕付款地之法院公證處、商會或銀行公會作成之。

解說

本條為拒絕證書作成機關之規定，包括拒絕承兌地或拒絕付款地之法院公證處、商會或銀行公會等。

第107條（應載事項）
拒絕證書，應記載左列各款，由作成人簽名，並蓋作成機關之印章：
一、拒絕者及被拒絕者之姓名或商號。
二、對於拒絕者，雖為請求未得允許之意旨，或不能會晤拒絕者之事由，或其營業所、住所或居所不明之情形。
三、為前款請求，或不能為前款請求之地及其年、月、日。
四、於法定處所外作成拒絕證書時，當事人之合意。
五、有參加承兌時或參加付款時，參加之種類及參加人，並被參加人之姓名或商號。
六、拒絕證書作成之處所及其年、月、日。

票據法

解說

　　本條為拒絕證書應載事項之規定，包括本條規定之六款事項，由作成人簽名，並蓋作成機關之印章等。

第108條（付款拒絕證書之製作）

① 付款拒絕證書，應在匯票或其黏單上作成之。

② 匯票有複本或謄本者，於提示時僅須在複本之一份或原本或其黏單上作成之。但可能時，應在其他複本之各份或謄本上記載已作拒絕證書之事由。

解說

(一) 第1項規定，付款拒絕證書應在匯票或其黏單上作成之：

　　拒絕付款證書應於何處記載？另備用紙？抑或在匯票上為之？法不能無規定，第1項爰規定，應在匯票上或其黏單上作成之。

(二) 第2項規定有複本或謄本者，付款拒絕證書應如何作成？

　　1. 匯票有複本者

　　　　複本亦為匯票之本身，並非副本，而複本以三份為限。如有複本，雖僅在複本之一部分或其黏單上作成即可；但可能時（如複本之各份一併提示時），應在其他複本之各份上，記載已作成拒絕付款之事由，以資聯繫。

2. 匯票有謄本者

原本對謄本而言，即匯票之本身是也。如有謄本，僅須在原本（即本身）或其黏單上作成即可（即毋須在謄本爲之）；但可能時（即原本與謄本一併提示時），應在謄本上記載已作成拒絕證書之事由，以資聯繫。

簡化

拒絕證書之製作：

僅有原本時：在匯票（原本）或其黏單上作成。

有複本時：

1. 僅有一份：在該複本或其黏單上作成。
2. 如有數份：又一併提示時，應在各份複本上作成。

有謄本時：如原本與謄本一併提示，亦應在謄本上作成之。

第109條（其他拒絕證書之製作）

付款拒絕證書以外之拒絕證書，應照匯票或其謄本作成抄本，在該抄本或其黏單上作成之。

解說

本條爲付款拒絕證書以外之拒絕證書作成之規定，例如拒絕承兌證書、拒絕交還複本證書等，應先照匯票作成抄本，或照謄本作成抄本，然後在各該抄本或其黏單上作成之。所以如此者，因執票人有時需要使該匯票繼續流通也（如有人參加承兌時）。

第110條（拒絕交還原本時證書之記載處所）
執票人以匯票之原本請求承兌或付款而被拒絕，並未經返還
原本時，其拒絕證書，應在謄本或其黏單上作成之。

解說

　本條為拒絕交還原本證書如何作成之規定。

　蓋原本既未經返還，則無論為拒絕承兌，或拒絕付款，其
拒絕證書惟有在謄本或其黏單上作成。

第111條（記載地位）
① 拒絕證書應接續匯票上、複本上或謄本上原有之最後記
載作成之。
② 在黏單上作成者，並應於騎縫處簽名。

解說

　本條為拒絕證書記載位置之規定，即應接續匯票上、複本
上或謄本上原有之最後記載作成之，如果是在黏單上作成者，
並應於騎縫處簽名，凡此均為防止弊端而設也。

第112條（作成份數）
對數人行使追索權時，祇須作成拒絕證書一份。

解說

　　本條規定，對數人行使追索權時，亦只須作成拒絕證書一份，可見不只是拒絕承兌證書作成後，無須再作成拒絕付款證書，即便對於數人行使追索權時，亦只須作成一份拒絕證書，以避免增加煩累及費用。

第113條（抄本）

① 拒絕證書作成人，應將證書原本交付執票人，並就證書全文另作抄本存於事務所，以備原本滅失時之用。

② 抄本與原本有同一效力。

解說

(一) 第1項規定拒絕證書作成人，應將證書原本交付執票人，並應就證書全文另作抄本存於事務所，以備原本滅失時之用。

(二) 第2項規定抄本與原本有同一之效力。蓋二者，既均爲作成人所作，其效力自應同一也。

第十一節　複本

第114條（複本之發行及份數）

① 匯票之受款人，得自負擔其費用，請求發票人發行複本。但受款人以外之執票人，請求發行複本時，須依次經由其前手請求之，並由其前手在各複本上，為同樣之

背書。

② 前項複本，以三份為限。

解說

(一) 第1項為複本發行之規定：

1. 複本之意義

所謂複本，係指發票人就單一匯票關係，所發行之數份證券，各份證券即稱為複本，每份複本均為獨立、完全之有價證券，且具有平等之地位，其所表彰之票據關係皆與原本相同，因此複本具有一體性。複本為匯票所獨有之制度，目的在預防票據遺失，並助長票據之流通，本票及支票均不準用（票124、144），在國際貿易上常見二聯式匯票，即為複本之使用。

2. 複本之發行請求權人

複本之發行請求權人為執票人（包括受款人及以外之執票人）。

3. 複本之發行人

為原發票人，他人不得為之，因發行複本亦係發票行為也。

4. 複本之發行手續

複本之發行手續因請求之人係原受款人，或為受款人以外之執票人而異，如係原受款人請求，可逕向發票人請求；如係受款人以外之執票人，須向自己之直接前手請求而遞次至於發票人，發票人照其所需份數，製成複本，交予第一次之背書人，而依此遞轉至於請求人，此一往返程序，不但各背書人有協力之義務，

　　　且於返遞之際，各背書人均應在各份複本上爲與原背
　　　書同樣之背書，所以如此者，各份複本除編號不同
　　　外，其形式均應同一也。

5. 發行之費用
　　由請求人負擔。

(二) 第2項規定複本以三份爲限，以杜氾濫而防弊也。

第115條 (複本之款式)
複本應記載同一文句，標明複本字樣，並編列號數。未經標
明複本字樣，並編列號數者，視爲獨立之匯票。

解說

(一) 複本之款式，依本條之規定：「複本應記載同一文句，標
　　明複本字樣，並編列號數。未經標明複本字樣，並編列號
　　數者，視爲獨立之匯票。」

(二) 本條規定複本應記載同一文句，因複本雖有數份，但只是
　　同一匯票之複製而已，故各份複本上所記載之文句，自應
　　同一。

(三) 本條規定複本應標明複本字樣，並編列號數，目的在用以
　　識別，例如標明「第一號匯票」、「第二號匯票」即是。

第116條（複本之效力）

① 就複本之一付款時，其他複本失其效力。但承兌人對於經其承兌而未收回之複本，應負其責。

② 背書人將複本分別轉讓於二人以上時，對於經其背書而未收回之複本，應負其責。

③ 將複本各份背書轉讓與同一人者，該背書人為償還時，得請求執票人交出複本之各份。但執票人已立保證或提供擔保者，不在此限。

解說

(一) 第1項為複本對於付款之效力之規定：

依本項規定，就複本之一份為付款時，基於複本之一體性，其他複本所表彰之票據關係即已消滅，故其他複本因而失效。然而，複本為完全之有價證券，各份具有獨立平等之地位，如他份複本上曾經承兌人承兌，而獨立流通至善意第三人處，承兌人於付款時應將其收回，否則應自負其責，此即複本之獨立性。

(二) 第2項為背書人將複本分別轉讓之效力之規定：

匯票有複本時，僅須在一份上背書，即生轉讓之效力，如果背書人將複本分別轉讓二人以上者，表示其就同一匯票取得二次以上之對價，故應令其就已背書但未回收之複本，負背書人之責任（票116Ⅱ）。

(三) 第3項為將複本各份背書轉讓與同一人者其效力之規定：

將複本各份背書轉讓與同一人者，該背書人為償還時，得請求執票人交出所有之複本，以避免重複追索之情形發生。

第117條（提示承兌與行使追索權）

① 為提示承兌送出複本之一者，應於其他各份上載明接收人之姓名或商號及住址。

② 匯票上有前項記載者，執票人得請求接收人交還其所接收之複本。

③ 接收人拒絕交還時，執票人非以拒絕證書證明左列各款事項，不得行使追索權：

一、曾向接收人請求交還此項複本，而未經其交還。

二、以他複本為承兌或付款之提示，而不獲承兌或付款。

解說

(一) 第1、2項為提示承兌而送出複本之一者之效力規定：

若匯票曾因提示承兌而將其中一份複本送出時，將造成執票人無法一併交付所有複本，故本條第1項及第2項規定：「為提示承兌送出複本之一者，應於其他各份上載明接收人姓名或商號及其住址。匯票上有前項記載者，執票人得請求接收人交還其所接收之複本。」

(二) 第3項為接收人拒絕交還複本之效力之規定：

如接收人拒絕交還複本時，執票人應作成拒絕交還複本證書，並以他複本為承兌或付款之提示；若不獲承兌或付款者，則得行使追索權。此時，執票人僅須提出其所持有之複本，及未持有複本之拒絕交還複本證書，即為已足，被請求人不得以執票人未交出所有之複本為由，拒絕付款。

第十二節　謄本

第118條（謄本之製作與效力）

① 執票人有作成匯票謄本之權利。

② 謄本應標明謄本字樣，謄寫原本上之一切事項，並註明迄於何處為謄寫部分。

③ 執票人就匯票作成謄本時，應將已作成謄本之旨，記載於原本。

④ 背書及保證，亦得在謄本上為之，與原本上所為之背書及保證有同一效力。

解說

(一) 第1項為執票人有作成謄本之權利：

1. 謄本之意義

所謂謄本，乃執票人以背書或保證為目的，自行依票據原本所為之謄寫本，亦即票據原本之影印本。匯票及本票均有謄本之制度，故有關匯票謄本之規定除第119條外，本票準用之（票124）；惟支票並無準用（票144）。

2. 謄本之作成人

謄本之作成人為執票人，與複本須由原發票人製作不同，此之執票人包括受款人及其他執票人而言。

(二) 第2項為謄本作成款式之規定：

1. 須標明謄本字樣

目的在使人一望即知其為謄本，而不致誤為匯票之偽造。

2. 須謄寫原本上之一切事項

即原本上之一切事項，均須謄寫，不僅發票人所爲之記載，即背書人、保證人等所爲之記載，亦應一併照錄，使其內容與原本完全相同。

3. 須註明迄於何處爲謄寫部分

例如證明「謄寫完了」、「以上爲謄寫部分」，目的在區別何者爲謄寫前之記載，何者爲謄寫後之記載。

(三) 第3項規定執票人就匯票作成謄本時，應將已作成謄本之旨，記載於原本：目的在作爲謄本與原本之連繫。

(四) 第4項規定背書及保證，亦得在謄本上爲之，與原本上所爲之背書及保證有同一之效力：

即因提示承兌而送出匯票原本時，可利用謄本爲轉讓而於其上爲背書，但無礙匯票之流通；至於保證亦得在其上爲之，以謀便利。且在謄本上所爲之背書與保證，其效力與在原本上所爲者相同。

第119條（使用謄本之時機與方式）

① 爲提示承兌送出原本者，應於謄本上載明原本接收人之姓名或商號及其住址。

② 匯票上有前項記載者，執票人得請求接收人交還原本。

③ 接收人拒絕交還時，執票人非將曾向接收人請求交還原本而未經其交還之事由，以拒絕證書證明，不得行使追索權。

解說

(一) 第1項為提示承兌送出原本者，膽本如何記載之規定：

按執票人行使追索權，原則上只能以原本為之，不能僅憑膽本來行使追索權。

(二) 第2項乃承第1項，規定匯票上有前項記載者，執票人得請求接收人交還原本，俾將膽本併入原本，以行使追索權。

(三) 第3項規定接收人拒絕交還原本時，得僅憑膽本行使追索權：

如果接收人拒絕交還原本時，執票人應於匯票之膽本或其黏單上作成拒絕交還原本證書，以證明其曾向接收人請求交還原本而未經交還之事由，方得行使其追索權，反面言之，如果執票人已作成「拒絕交還原本證書」，則雖無原本，亦可僅憑膽本而行使追索權矣！

重點

原則上行使追索權應憑原本，不能僅憑膽本進行追索，但若接收原本之人拒絕交出原本，執票人只要作成拒絕交還原本證書，即可只憑膽本進行追索。

拒絕交還原本證書作成後，毋須再作成拒絕承兌或付款證書。

拒絕交還複本證書作成後，仍須再作成拒絕承兌或付款證書。

第三章
本　票

第120條（本票之應載事項）

① 本票應記載左列事項，由發票人簽名：

一、表明其為本票之文字。

二、一定之金額。

三、受款人之姓名或商號。

四、無條件擔任支付。

五、發票地。

六、發票年、月、日

七、付款地。

八、到期日。

② 未載到期日者，視為見票即付。

③ 未載受款人者，以執票人為受款人。

④ 未載發票地者，以發票人之營業所、住所或居所所在地為發票地。

⑤ 未載付款地者，以發票地為付款地。

⑥ 見票即付，並不記載受款人之本票，其金額須在五百元以上。

解說

本票顧名思義就是由發票人本人付款的票據，與匯票、支票是委託第三人付款不同。

(一) 第1項爲本票應記載之事項：

1. 本票之意義

   本票爲發票人簽發一定之金額，於指定之到期日，由自己無條件支付與受款人或執票人之票據（票3），與匯票同爲信用證券。且本票係自付證券，無付款人及承兌之制度。我國票據法之立法體系係以匯票爲中心，因此除就本票之特性另行規定外，其餘與匯票性質相同之處，皆以準用匯票之方式規定。

2. 本票之分類

   (1) 記名本票、無記名本票、指示本票

   此種分類與匯票之分類相同，惟若無記名本票係見票即付者，則其金額須在五百元以上（票120VI），此爲本票之特別規定。

   (2) 定期本票、計期本票、即期本票、註期本票

   此種分類亦與匯票相同。但因本票無承兌制度，故針對註期本票（即見票後定期付款之本票），另設有見票制度（票122）。

   (3) 甲存本票

   所謂甲存本票係指發票人委託其往來之金融業者（銀行）爲擔當付款人而簽發之本票。

3. 本票應記載之事項

   依本項規定，共有八款，其中絕對必要記載事項有四款，即(1)表明爲本票之文字；(2)一定之金額；(3)無

條件擔任支付；(4)發票年、月、日及要有發票人簽章等。欠缺本法所規定票據上應記載事項之一者，其票據無效，票據法第11條第1項前段定有明文，又依同法第120條第1項第6款規定，發票年、月、日既為本票應記載事項，故本票上如未記載發票年、月、日，或記載不清難以辨識發票日期者，其本票當然無效。

另依本項規定，其中有四款為相對必要載事項，即(1)到期日：未記載者，視為見票即付；(2)受款人之姓名或商號：未記載者，以執票人為受款人；(3)發票地：未記載者，以發票人之營業所住所或居所所在地為發票地；(4)付款地：未記載者，以發票地為付款地。

(二) 第2項規定未載到期日者，視為見票即付，即屬上述之相對必要記載事項。

(三) 第3項規定未載受款人者，以執票人為受款人，即屬上述之相對必要記載事項。

(四) 第4項規定未載發票地者，以發票人之營業所、住所或居所所在地為發票地，即屬上述之相對必要記載事項。

(五) 第5項規定未載付款地者，以發票地為付款地，即屬上述之相對必要記載事項。

(六) 第6項規定見票即付，並不記載受款人之本票，即不記名之見票即付本票，其金額須在五百元以上，所以如此者，因此種本票兌款極易，使用方便，幾與紙幣相同，故乃加以金額之限制，以免小額之無記名式見票即付之本票充斥市場，形同有辦法的人都可印製鈔票，而擾亂金融市場也。

重點

何謂甲存本票？

(一) 所謂甲存本票係指發票人委託其往來之金融業者（銀行）為擔當付款人而簽發之本票。依中華民國銀行商業同業公會全國聯合會所訂定之「支票存款戶處理規範」第6點規定：「銀行核准開戶之支票存款戶，均得委託該銀行為其所發本票之擔當付款人，就其支票存款戶內逕行代為付款。」故如發票人欲委任金融機構擔任本票之擔當付款人，必須先開設支票存款帳戶。換言之，即發票人先於特定金融業者開立支票存款帳戶，由該金融業者發給甲存本票簿供該存款戶使用，並以發票人帳號中之存款餘額償付票款金額。受委託之金融機構，因係本票之擔當付款人，而為發票人之代理人，其與發票人之間屬準資金關係，除具有委任契約之性質外，尚有消費寄託及交互計算之混合契約之性質（票26Ⅰ、69Ⅱ、124，民400、528、603）。

(二) 甲存本票與支票雖皆係由銀行等金融業者付款，然甲存本票銀行係擔當付款人，即本票主債務人（發票人）之代理人，與支票之付款人相異，故二者仍有諸多法律上差異。另應注意者，甲存本票既係以金融業者為擔當付款人，執票人自應向金融業者為付款提示（票69Ⅱ、124）。

第121條（發票人之責任）

本票發票人所負責任，與匯票承兌人同。

解說

　　本票係由發票人自己付款之自付證券，票據法第121條規定：「本票發票人所負責任，與匯票承兌人同。」即本票發票人須負絕對付款責任，而為票據之主債務人。

　　應注意者，若本票執票人不於到期日或其後二日內，為付款之提示，對於發票人是否喪失追索權？依實務上見解，認為票據法第104條所稱前手並不包括匯票承兌人在內，而本票之發票人與匯票之承兌人均同屬票據之主債務人，依同一法理，該條所謂前手，自亦不包括本票之發票人（票124準用104）。

　　換言之，若本票執票人怠於行使或保全票據上之權利，例如未於付款之提示期限內為付款之提示時，發票人之付款責任仍不因此而消滅。

重點

　　實務見解認為，本票執票人不於到期日或其後二日內為付款之提示，只對其他前手喪失追索權，但對於發票人仍有追索權，因本票之發票人其責任與承兌人相同，應負絕對之付款責任，為本票之主債務人。

第122條（見票後定期付款本票之特別規定）

① 見票後定期付款之本票，應由執票人向發票人為見票之提示，請其簽名，並記載見票字樣及日期；其提示期限，準用第四十五條之規定。

② 未載見票日期者，應以所定提示見票期限之末日為見票日。

③ 發票人於提示見票時，拒絕簽名者，執票人應於提示見票期限內，請求作成拒絕證書。

④ 執票人依前項規定，作成見票拒絕證書後，無須再為付款之提示，亦無須再請求作成付款拒絕證書。

⑤ 執票人不於第四十五條所定期限內為見票之提示或作成拒絕證書者，對於發票人以外之前手，喪失追索權。

解說

(一) 第1項為見票後定期付款之本票，執票人應向發票人為見票之提示：

1. 本票之到期日有定日付款、發票後定期付款、見票即付及見票後定期付款等四種。前三種之到期日於發票時即已確定，而見票後定期付款者則須經執票人向發票人為見票之提示後，方得確定其到期日。因本票係由發票人自負付款之責，無如匯票有提示承兌之制度，而所謂見票，則係本票特有之制度，乃本票之發票人，因執票人為確定見票後定期付款本票之到期日所為之提示，於本票上記載見票字樣、日期，並簽名之行為。

2. 為使見票後定期付款之本票，得以確定見票日及付款日，票據法第122條第1項乃規定，執票人應於發票日起六個月內向發票人為見票之提示，此期限得由發票人以特約延長或縮短，惟延長之期限不得超過六個月（票122Ⅰ準用45），並由發票人簽名，並記載見票字樣及日期。

(二) 第2項規定若發票人未記載見票日期者，則以所定提示見票期限之末日爲見票日：

例如若發票日爲7月10日，而於7月26日見票，發票人若未記載見票日期，則以發票日起六個月之法定見票提示期限爲見票日，即翌年之1月10日爲見票日，若係見票後一個月付款，則其到期日爲翌年之2月10日。

(三) 第3項規定發票人於提示見票時，拒絕簽名者，執票人應於提示見票期限內，請求作成拒絕證書：

依本項之規定，若發票人於提示見票時，拒絕簽名，則執票人應於提示見票期限內，請求作成拒絕見票證書（票122III），則該本票之到期日即以拒絕見票證書之作成日計算之：如本票尚有免除作成拒絕證書之記載者，則以提示見票期限之末日計算到期日（票124準用67 I）。

(四) 第4項規定執票人依前項規定，作成見票拒絕證書後，無須再爲付款之提示，亦無須再請求作成付款拒絕證書：

其用意與本法第88條規定之旨趣相同，此時在解釋上，執票人即可向其前手行使追索權矣！

(五) 第5項規定，執票人逾期未爲見票提示或作成拒絕證書者，對於發票人以外之前手，即喪失追索權：

此乃對於本法第104條所設之特別規定也，即對於發票人以外之前手雖喪失追索權，但對發票人仍有追索權，因其爲主債務人也。

簡化

見票後定期付款本票到期日之計算：

(一) 若發票人有見票之記載：

若7月10日為發票日，發票人記載見票後一個月付款，7月26日為見票之提示，發票人有記載7月26日為見票日，則一個月後，即8月26日為到期日。

即見票日7月26日＋1月＝8月26日。

(二) 若發票人未記載為見票之記載：

若7月10日為發票日，發票人記載見票後一個月付款，7月26日為見票之提示，但發票人未記載7月26日為見票日，則以7月10日＋6月＋1月＝翌年2月10日為到期日。

（注意：此時應從發票日起算）

第123條（本票之強制執行）

執票人向本票發票人行使追索權時，得聲請法院裁定後強制執行。

解說

(一) 本條規定：「執票人向本票發票人行使追索權時，得聲請法院裁定後強制執行。」本條為民國49年修正票據法時所增訂，係鑑於當時空頭支票之氾濫，故藉由立法加強本票之索償性，即使本票執票人得利用便捷之非訟程序達到求償之目的，以助長本票之流通。

(二) 準此，執票人於本票到期後向發票人請求付款，若被拒絕時，執票人於請求作成拒絕證書後，即可向票據付款地之地方法院聲請裁定強制執行（非訟194），而無須對法院提起訴訟；若本票上無付款地之記載者，依票據法第120

條第4、5項，則應以發票地或發票人之住所地之地方法院
爲管轄法院，且因其性質爲非訟事件，故法院僅就本票形
式上之要件是否具備予以審查即爲已足，票據之實體關
係非屬其調查之範圍。應注意者，若付款地記載爲「北
市」，因究竟爲台北市或新北市及其詳細之地址均未明
載，將使執票人無從請求付款，其付款地自應視同未記
載，而應適用票據法第120條第4、5項之規定，以發票地
即發票人之住居所爲付款地。

(三) 聲請人限本票執票人行使追索權者：

執票人須係行使付款請求權被拒絕後，方有行使追索權之
餘地。執票人如未經拒絕見票或付款，即貿然以行使付款
請求權（第一次權利）而聲請法院裁定強制執行，亦不合
情理。職是，執票人依票據法第123條聲請裁定行使強制
執行，須係行使追索權，而不包括付款請求權，多數學者
亦採此見解。

另法院爲准許強制執行之裁定後，執票人如將票據權利移
轉於第三人，則該受讓本票之第三人得否據該執行名義對
發票人強制執行？依民國85年修訂後之強制執行法第4條
之2第2項準用第1項之規定，第三人仍得以該裁定爲執行
名義聲請強制執行。又如執票人因故誤交第三人，則因其
現已非執票人，故原聲請人自不得以該裁定爲執行名義聲
請強制執行。

(四) 聲請執行之對象限本票發票人：

本條所規定聲請強制執行之對象，限於本票發票人，因此
不包括其他票據債務人。惟應注意者，本票保證人依票
據法第124條準用同法第61條規定，與被保證人負同一責

任，故執票人是否得依票據法第123條，對本票發票人之
保證人聲請強制執行？按票據法第61條所規定保證人與被
保證人負同一責任，僅指行使權利之內容相同，非謂行使
權利之程序亦相同；況票據法第123條既限定執票人向本
票發票人行使追索權時，得聲請法院裁定後強制執行，則
對於本票發票人以外之保證人行使追索權時，即不得類推
適用該條之規定，逕行聲請法院裁定執行。

特別應注意者，本票發票人若於法院裁定前死亡，則執票
人對於本票發票人之繼承人，得否適用票據法第123條取
得執行名義而強制執行？按聲請法院對執票人裁定許可強
制執行，係屬非訟程序，無須經過實體法律關係之審查，
即可取得執行名義，因此票據法第123條既規定限於執票
人對發票人始得為之，自應從嚴解釋。再者，債務人是
否為發票人之繼承人，係屬實體問題，於非訟事件無從審
究，故票據法第123條之適用僅得對發票人主張，發票人
若已死亡，則僅得依訴訟程序對其繼承人主張，不得依非
訟程序聲請裁定許可強制執行。

(五) 須發票人未受破產之宣告：

按破產法第75條規定，破產人因破產之宣告，對於應屬破
產財團之財產，喪失其管理及處分權，因此，若本票發票
人受破產宣告，則應依破產程序為之，不得聲請裁定而強
制執行。

 實例

張三於民國110年8月1日簽發新台幣一百萬元的本票一
紙，到期日同年8月31日，有免除作成拒絕證書之記載，交付

予李四，作爲向李四購買電腦的貨款之用，張三所簽發之本票未載付款地，因到期不付款，請問李四應向何法院請求裁定強制執行？

(一) 依票據法第123條規定：執票人向本票發票人行使追索權時，得聲請法院裁定後強制執行。

(二) 票據法第120條第5項規定：本票未載付款地者，以發票地爲付款地，故本例應以發票地爲管轄法院。

(三) 若本例未記載發票地，則以發票人張三之住所地爲付款地定其管轄法院。

第124條（關於準用匯票之規定）

第二章第一節第二十五條第二項、第二十六條第一項及第二十八條，關於發票人之規定；第二章第二節關於背書之規定，除第三十五條外，第二章第五節關於保證之規定；第二章第六節關於到期日之規定；第二章第七節關於付款之規定；第二章第八節關於參加付款之規定，除第七十九條及第八十二條第二項外；第二章第九節關於追索權之規定，除第八十七條第一項，第八十八條及第一百零一條外；第二章第十節關於拒絕證書之規定；第二章第十二節關於謄本之規定，除第一百十九條外；均於本票準用之。

解說

　　本條爲本票準用匯票之規定，即本票與匯票性質相近之事項，法律爲省筆墨，乃以明文規定準用匯票之相關規定，詳各該被準用條文之規定，茲不贅述。

票據法

實例

　　張三於民國110年8月1日簽發新台幣一百萬元的本票一紙，到期日同年8月31日，有免除作成拒絕證書之記載，交付予李四，作為向李四購買電腦的貨款之用，同時請王五為保證人，簽名於該本票背面。李四於8月10日將該本票背書給馬六，借得新台幣一百萬元，請問馬六於到期日，持票向張三請求付款遭拒，請求法院裁定強制執行時，其得請求之範圍如何？

(一) 依票據法第124條準用97條第1項規定：執票人向本票發票人行使追索權時，得要求下列金額：

　　1. 被拒絕付款之本票金額，如有約定利息者，其利息。

　　2. 自到期日起如無約定利率者，依年利六釐計算之利息。

　　3. 作成拒絕證書與通知及其他必要費用。

(二) 故本例馬六於到期日，持票向張三請求付款遭拒，請求法院裁定強制執行時，其得請求之範圍包括本票金額一百萬元，自到期日起（即110年8月31日起），依年利六釐計算之利息，及作成拒絕證書與通知及其他必要費用。

第四章

支 票

第125條（支票之應載事項）

① 支票應記載左列事項，由發票人簽名：
　一、表明其為支票之文字。
　二、一定之金額。
　三、付款人之商號。
　四、受款人之姓名或商號。
　五、無條件支付之委託。
　六、發票地。
　七、發票年、月、日。
　八、付款地。

② 未載受款人者，以執票人為受款人。

③ 未載發票地者，以發票人之營業所、住所或居所為發票地。

④ 發票人得以自己或付款人為受款人，並得以自己為付款人。

解說

(一) 第1項為支票法定應記載事項：

　1. 支票之意義

　　所謂支票，係發票人簽發一定之金額，委託金融業者

於見票時，無條件支付與受款人或執票人之票據（票4）。支票制度之設置係為代替現金之交付，屬支付證券，且因係委託金融業者代為付款，故屬委託證券。該委託代為付款之金融業者，依票據法第4條第2項之規定，係指經財政部核准辦理支票存款業務之銀行、信用合作社、農會及漁會。

2. 支票之特性

支票之設計目的為支付工具之一種，因此票據法規定支票限於見票即付，無到期日僅有發票日，亦無保證、承兌、參加承兌、參加付款、複本及謄本等制度。

3. 支票法定應記載事項

含發票人簽名，共有八款：

(1) 絕對必要記載事項者：

① 簽名：限於金融業者之支票存款戶，且必須留有印鑑，便於付款時之核對。

② 表明為支票之文字。

③ 一定之金額。

④ 付款人之商號：本條限於記載付款人之商號，故支票之付款人，個人不得充之，即一般之商店亦不得充之，故票據法第127條規定限於金融業者。

⑤ 無條件支付之委託。

⑥ 發票之年月日：此之年月日於形式上存在為已足，與實際發票日是否相符，在所不問，茲說明如下：

甲、若實際發票日爲7月10日，票載發票日爲7月
　　20日，稱遠期支票。

乙、若實際發票日爲7月10日，票載發票日爲7月
　　1日，稱前期支票。

甲之情形將於票據法第128條再敍述。

乙之情形，雖非無效，但易爲狡猾者所騙，故意
將發票日倒退於提示期限之前，於交付支票時，
即已超過提示期限，害人匪淺，故收受支票時，
應特別注意發票日。

⑦ 付款地：付款地在支票爲絕對必要記載事項，此
點與匯票，本票不同，因支票是由金融業付款，
非記載付款地，無以決定提示期限故也。

(2) 相對必要記載事項者：

① 受款人之商號：若未記載則以執票人爲受款人以
爲補充，斯時即成爲無記名式支票矣！

② 發票地：若未記載則以發票人之營業所、住所或
居所爲發票地。

(二) 第2項爲未記載受款人時之補充規定。

(三) 第3項爲未記載發票地時之補充規定。

(四) 第4項規定發票人得以自己或付款人爲受款人，並得
以自己爲付款人：

1. 以自己爲受款人者，稱爲指己支票，此種支票任何人
均得簽發，通常存戶向銀行提現時多用之。

2. 以付款人爲受款人者，稱爲受付支票，但支票之付款人
限於金融業，故此種支票之受款人亦非金融業不可。

3. 以自己爲付款人者，稱爲對己支票，但因支票之付款

人限於金融業，對己支票既係由發票人兼爲付款人，則發票人亦限於金融業，一般人不得爲之。

第126條（發票人之責任）

發票人應照支票文義擔保支票之支付。

解說

本條爲支票發票人責任之規定。

依本條規定，發票人應照支票文義「擔保」支票之支付，故支票發票人所負之責任爲「擔保」付款責任，即「償還」責任，而非「付款」責任，又稱第二次的責任。惟若支票經保付後，發票人之此項償還責任即告免除（票138II）。

重點

票據債務人之付款責任與擔保付款責任如何區別？

(一) 票據債務人之付款責任，又稱第一次的責任，執票人向其行使的是付款請求權：

　1. 就匯票而言，付款人（承兌後稱爲承兌人）是第一債務人，負付款之責任，執票人應先向其行使付款請求權；若不獲付款，再向第二債務人行使追索權。

　2. 就本票而言，發票人（自己付款，其責任與匯票之承兌人同）是第一債務人，負付款之責任，執票人應先向其行使付款請求權；若不獲付款，再向第二債務人行使追索權。

　3. 就支票而言，支票以金融業爲付款人，惟此之付款人並

非票據債務人，另發票人亦非第一債務人，故支票無第一債務人。

(二) 票據債務人之擔保付款責任，又稱第二次的責任，執票人向其行使的是追索權：

1. 就匯票而言，發票人、背書人均爲第二債務人，負「擔保付款」責任。

2. 就本匯票而言，發票人爲第一債務人，但如拒絕付款者，執票人亦得向其行使追索權，此時又同時爲第二債務人，至於背書人則爲第二債務人。

3. 就支票而言，發票人、背書人等，均爲第二債務人，故支票無第一債務人。

簡化

	第一債務人	第二債務人
匯票	付款人、承兌人	發票人、背書人
本票	發票人	發票人、背書人
支票	×	發票人、背書人

第127條（付款人之資格）

支票之付款人，以第四條所定之金融業者為限。

解說

本條爲支票付款人限於金融業之規定，即限於第4條所定之銀行、信用合作社、農漁會信用部等。

第128條 (見票即付與遠期支票)
① 支票限於見票即付，有相反之記載者，其記載無效。
② 支票在票載發票日前，執票人不得為付款之提示。

解說

(一) 第1項規定，支票限於見票即付，有相反之記載者，
　　其記載無效：

　　1. 記載之事項

　　　　(1) 絕對必要記載事項：

　　　　　　① 發票人之簽名。

　　　　　　② 表明其為支票之文字。

　　　　　　③ 一定之金額。

　　　　　　④ 付款人之商號。

　　　　　　⑤ 無條件支付之委託。

　　　　　　⑥ 發票年月日。

　　　　　　⑦ 付款地（即金融業之地點）。

　　　　(2) 相對必要記載事項：

　　　　　　① 受款人之姓名或商號。

　　　　　　② 發票地。

　　　　(3) 得記載事項：

　　　　　　① 平行線（票139 I 、II）。

　　　　　　② 禁止背書文句（票144準用30 I 但）。

　　　　　　③ 不許以付款地通用貨幣支付之特約（票144準用
　　　　　　　　75）。

　　　　　　④ 免除拒絕事由通知之記載（票144準用90）。

　　　　　　⑤ 免除作成拒絕證書之文句（票144準用94）。

⑥禁發回頭支票之特約（票144準用102但）。

2. 不得記載之事項

(1) 記載則票據全歸無效者：如有條件之支付委託及支票分期付款是。

(2) 記載僅其本身無效者：如支票為見票即付之相反記載者（票128 I）；又支票既須見票即付，故無約定利息可言，若發票人有記載利息者，其記載無效。

3. 本項規定支票限於見票即付，有相反之記載者，其記載無效，即屬不得記載事項中，若有記載，僅其記載本身無效，票據仍有效者。

例如載明：「憑票祈於民國102年7月20日付款」，其發票日若記載為民國102年7月10日，此種支票並非無效，只是到期日（7月20日）之記載無效而已，因此，雖於該到期日（7月20日）之前提示付款，付款人仍應付款。

(二) 第2項規定支票在票載發票日前，執票人不得為付款之提示：

此即遠期支票之規定，茲說明如下：

1. 所謂遠期支票，即發票人於簽發支票時，不記載實際簽發日為發票日，而以尚未到來之日期為票載發票日。遠期支票之信用性質，顯與支票為支付證券之性質相違，惟觀諸票據法第128條第2項之規定，「支票在票載發票日前，執票人不得為付款之提示。」似意指支票之發票日得記載將來之期日，且因明定執票人於該票載發票日屆至前，不得為付款之提示，即已承認遠期支票之合法性。

2. 應注意者，支票發票人所負票據債務之成立，應以發

票人交付支票於受款人而完成發票行為之時日為準，至支票所載發票日，依票據法第128條第2項規定，僅係行使票據債權之限制，不能認為票據債務成立之時期。

重點

支票付條件委託，則票據全歸無效。

支票記載分期付款，則票據全歸無效。

支票有反於見票即付之記載，如在發票日外，另記載到期日，僅該到期日之記載無效，票據本身仍有效，有該到期日前得為付款之提示。

遠期支票指票載發票日在實際發票日之後，遠期支票仍為有效之支票，票據債務成立於實際發票日，只是在票載發票日前不得為付款之提示而已。

第129條（轉帳或抵銷）

以支票轉帳或為抵銷者，視為支票之支付。

解說

本條為以支票轉帳或為抵銷者，視為支票之支付之規定。

第130條（提示期限）

支票之執票人，應於左列期限內，為付款之提示：

一、發票地與付款地在同一省（市）區內者，發票日後七日

　內。

二、發票地與付款地不在同一省（市）區內者，發票日後
　　十五日內。

三、發票地在國外，付款地在國內者，發票日後二個月內。

解說

　　本條為支票提示期限之規定，惟應注意所述之提示期限，應自發票日之次日起算，發票日不算入（民120Ⅱ參照），此與匯票到期日之計算（票68）不同，乃因支票準用匯票之規定中，不含第68條也。

重點

　　支票之提示期限從發票日之次日起算，例如民國102年7月10日發票，發票地與付款地在同一省（市）區內者，從7月11日起算，七日內，即7月17日為提示期限截止日，若7月18日才提示，為逾提示期限，依第132條規定，對於發票人以外之前手喪失追索權。

第131條（追索之要件）

① 執票人於第一百三十條所定提示期限內，為付款之提示而被拒絕時，對於前手得行使追索權。但應於拒絕付款日或其後五日內，請求作成拒絕證書。

② 付款人於支票或黏單上記載拒絕文義及其年、月、日並簽名者，與作成拒絕證書，有同一效力。

解說

(一) 第1項為執票人遵期提示被拒絕付款時得向前手追索之規
定：

　1. 因支票原則上限於見票即付，而無到期日之記載，且無
承兌、參加承兌及謄本等制度，故票據法第144條僅部
分準用匯票有關追索權之條文。支票追索權行使之原
因為：(1)不獲付款：執票人於第130條所定之提示期限
內，為付款提示而遭拒絕時，須於拒絕付款日或其後五
日內，請求作成拒絕證書後，即得對前手行使追索權
（票131）；惟因支票發票人尚負有絕對付款責任，故
即使執票人未遵期向付款人提示，或遭付款人拒絕付款
後，未遵期作成拒絕證書者，其對於發票人仍得行使追
索權（票132）。(2)付款人受破產宣告：付款人受破產
宣告時，執票人亦得行使追索權（票144準用85II）。

　2. 行使追索權之時效，依票據法第22條第2項，支票執票
人對前手之追索權時效為四個月，此項時效期間較民法
第130條規定六個月起訴期間為短，該執票人對前手之
追索權時效，縱因請求而中斷，但自中斷之事由終止重
行起算時效之日起四個月內，若另無中斷時效之事由發
生，而未起訴者，其追索權仍因時效完成而消滅，不因
民法第130條定有起訴期間為六個月，而謂追索權尚未
消滅。

(二) 第2項規定付款人於支票或黏單上記載拒絕付款文義及其
年、月、日並簽名者，與作成拒絕證書，有同一之效力，
蓋為免除執票人，作成拒絕證書之勞費也。

第132條（喪失追索權之事由）
執票人不於第一百三十條所定期限內為付款之提示，或不於拒絕付款日或其後五日內請求作成拒絕證書者，對於發票人以外之前手，喪失追索權。

解說

　　本條與第104條第1項之規定不同，依該項規定，（匯票）執票人怠於為保全行為時，對於一切前手均喪失追索權，而此經對於發票人以外之前手喪失追索權，蓋支票不似匯票之有主債務人（承兌人），故不得不加重發票人之責任，學者亦有認為支票之發票人亦為主債務人者，理由在此，惟本書是採鄭玉波教授之見解，鄭教授認為支票之發票人並非主債務人，此於第126條有評述，請參照。

第133條（利息之請求）
執票人向支票債務人行使追索權時，得請求自為付款提示日起之利息。如無約定利率者，依年利六釐計算。

解說

　　本條為支票利息請求之規定，支票為見票即付，無到期日，不能有利息約定，如有約定利息，該利息之記載無效。但若提示付款遭拒而行使追索權時，必係陷於給付遲延，故依民法規定，執票人得請求遲延利息，作為損害之賠償（民233），在支票方面，依本條之規定，得請求法定利率年利六釐（即百分之六）之利息。

第134條（提示期限經過後發票人之責任）

發票人雖於提示期限經過後，對於執票人仍負責任。但執票人怠於提示，致使發票人受損失時，應負賠償之責；其賠償金額，不得超過票面金額。

解說

　　本條為提示期限經過後，發票人責任之規定，因支票不若匯票之有主債務人（承兌人），故加重發票人之責任，即發票人雖於提示期限經過後，對於執票人仍負責任。惟執票人若怠於提示，致使發票人受損失時，執票人應負賠償之責。

第135條（撤銷付款委託之限制）

發票人於第一百三十條所定期限內，不得撤銷付款之委託。

解說

(一) 撤銷付款委託之意義與要件：

　　所謂撤銷付款委託係指發票人就其所簽發之某一特定支票，為禁止付款人執行付款業務，撤回其付款授權之一種意思表示。其要件為：1. 須由發票人以意思表示為之；2. 須已逾法定提示期限；3. 須以書面為之；4. 須未為止付通知；5. 非經付款人付款；6. 須非保付支票。

(二) 發票人若於第130條所定期限內撤銷付款委託，其效力如何？

　　有認為票據法第135條所設之限制，除可使付款銀行免去於提示期間內查詢是否撤銷之情事外，亦可加強票據之

流通性，保護支票交易安全，故支票發票人於法定提示
期限內爲付款委託之撤銷，應屬無效。

然撤銷付款委託後，支票發票人仍負擔保付款之責任，
亦不影響執票人原有之票據權利；且基於契約自由原
則，發票人應得自由撤銷付款委託，惟鑑於限制支票發
票人於法定提示期限內不得撤銷付款委託之目的，主要
係爲加強票據之流通性，保護支票執票人之利益，則將
於提示期限內所爲之撤銷委託，延至提示期限經過後始
生效力，並不妨礙執票人於提示期限內爲付款提示，亦
無礙於票據之流通。

故本文以爲，於付款提示期限內爲付款委託之撤銷，暫
不生效力，待提示期限經過後仍生撤銷之效力，而有預
示撤銷付款委託之性質。

(三) 撤銷付款委託之效果：

支票發票人撤銷付款委託後，發票人仍須照支票之文義
擔保支票之支付（票126、132）。對付款人而言，撤銷
付款委託後，付款人不得再爲付款，若付款人仍爲付
款，自不得將該付款效果歸於發票人，而應由付款人自
行負責。

實例

台中市民張三於民國110年8月1日簽發一紙發票日爲同年8
月31日，付款行爲彰化銀行台中分行，面額新台幣一百萬元的
普通平行線支票一紙交付予李四，作爲向李四購買電腦的貨款
之用，在8月20日張三因財務困難，央請李四同意於9月10日才
提示請求付款，惟張三於9月9日向彰化銀行台中分行撤銷付款

委託，請問張三撤銷付款委託是否合法？李四對張三行使追索
權，張三應否負票據責任？

(一) 本例日期很多，先整理如下，以便判斷：

    1. 110年8月1日：簽發支票，為實際發票日。

    2. 110年8月31日：為票載發票日，在實際發票日之後，此
       為遠期支票，我國實務承認其效力。

    3. 110年8月20日：協商延期提示請求付款。

    4. 110年9月9日：撤銷付款委託。

    5. 110年9月10日：提示付款。

(二) 支票為文義證券，依票據法第5條規定：在票據上簽名
者，應就票據文義負其責任。即不得就文義外之事項，作
為認定票據上權利義務之依據，因此，在8月20日張三因
財務困難，央請李四同意於9月10日才提示請求付款，李
四同意延期提示請求付款，並不影響該支票票載發票日為
8月31日之提示期限，亦即提示之期限仍從8月31日起算，
而非從9月10日起算。

(三) 本例張三為台中市民，發票地與付款地均為台中市，依票
據法第130條第1款規定：「支票之執票人，應於左列期限
內，為付款之提示：一、發票地與付款地在同一省（市）
區內者，發票日後七日內。」故本例李四應於9月7日之前
為付款之提示，始生提示之效力。

(四) 再依票據法第135條規定：發票人於第130條所定期限內，
不得撤銷付款之委託。反面解釋，過了付款提示期限後，
發票人得撤銷付款之委託，本例付款提示期限截止日是
9月7日，張三於9月9日向彰化銀行台中分行撤銷付款委
託是合法的，李四於9月10日才提示請求付款，反而不合

法，依票據法第132條規定：執票人不於第130條所定期限內為付款之提示，或不於拒絕付款日或其後五日內請求作成拒絕證書者，對於發票人以外之前手，喪失追索權。另依票據法第134條規定：發票人雖於提示期限經過後，對於執票人仍負責任。故李四依票據法第22條第1項規定，自發票日起算，一年內仍得對發票人張三行使追索權。

第136條（提示期限經過後之付款）

付款人於提示期限經過後，仍得付款。但有左列情事之一者，不在此限：

一、發票人撤銷付款之委託時。

二、發行滿一年時。

解說

(一) 執票人於提示期限內提示付款時，付款人應即付款，即於提示期限經過後，仍得付款（自亦得不付款）。

(二) 惟以上規定，有下列之例外：

　1. 發票人撤銷（應為撤回之意）付款之委託時。

　2. 發行滿一年時：如發行滿一年時，支票上權利可能已權消滅時效，故本條乃明定付款人不得再付款，以資呼應。不過，此之一年與消滅時效期間之一年，仍非一事，斯應注意。

第137條（一部付款）
① 付款人於發票人之存款或信用契約所約定之數不敷支付支票金額時，得就一部分支付之。
② 前項情形，執票人應於支票上記明實收之數目

解說

本條為支票得一部付款之規定，茲分述如下：

(一) 第1項規定支票得為一部付款：

付款人既有一部付款之權，則執票人對於一部付款不得拒絕。

(二) 第2項規定一部付款時，執票人應於支票上記載實收之數目：

執票人既應記明實收數目，付款人自得要求其記載，並得要求其另給收據（票144準用74Ⅱ）。

第138條（保付支票）
① 付款人於支票上記載照付或保付或其他同義字樣並簽名後，其付款責任，與匯票承兌人同。
② 付款人於支票上已為前項之記載時，發票人及背書人免除其責任。
③ 付款人不得為存款額外或信用契約所約定數目以外之保付，違反者應科以罰鍰。但罰鍰不得超過支票金額。
④ 依第一項規定，經付款人保付之支票，不適用第十八條、第一百三十條及第一百三十六條之規定。

解說

(一) 第1項為保付支票之意義與付款人責任之規定：

所謂保付支票，乃付款人因發票人或受款人之請求，於支票上記載「照付」或「保付」或其他同義字樣，並由付款人簽名之支票。

保付支票之效力，對付款人而言，支票付款人為該記載後，其付款責任即同於匯票承兌人，換言之，付款人因此成為票據之主債務人。

(二) 第2項規定付款人為保付之記載時，發票人及背書人均免除其責任：

依第1項規定，付款人為保付之記載後，付款人成為支票之主債務人，則發票人及背書人之擔保付款責任，均因而免除。縱保付人不為付款，執票人亦不得再向發票人或背書人追索也。

(三) 第3項規定付款人不得為存款額外或信用契約所定數目以外之保付，違反者應科以罰鍰，但不得超過支票金額：

蓋唯恐保付人輕易保付，將來不能付款，有礙保付支票之信用也。

(四) 第4項為保付支票交付執票人效力之規定，可分二點述之：

1. 保付支票如有喪失時，不得為止付之通知（但仍得為公示催告之聲請），因此種支票，付款人既負絕對付款責任，須隨時兌現，與現金無異，故縱有喪失，執票人亦應自負其責，故不得為掛失止付之通知。

2. 保付支票不受提示期限之限制，即提示期限經過後，付款人仍應付款，縱發票人撤回付款之委託，或支票發

行已滿一年，亦無妨礙。又保付支票之付款，既不受發行滿一年之限制，故鄭玉波教授認爲付款人之責任與匯票承兌人同，其消滅時效期間亦應爲三年。

第139條（平行線支票）

① 支票經在正面劃平行線二道者，付款人僅得對金融業者支付票據金額。

② 支票上平行線內記載特定金融業者，付款人僅得對特定金融業者支付票據金額。但該特定金融業者為執票人時，得以其他金融業者為被背書人，背書後委託其取款。

③ 劃平行線支票之執票人，如非金融業者，應將該項支票存入其在金融業者之帳戶，委託其代為取款支票上平行線內，記載特定金融業者，應存入其在該特定金融業者之帳戶，委託其代為取款。

④ 劃平行線之支票，得由發票人於平行線內記載照付現款或同義字樣，由發票人簽名或蓋章於其旁，支票上有此記載者，視為平行線之撤銷。但支票經背書轉讓者，不在此限。

解說

(一) 第1項爲普通平行線支票之定義及其效力之規定：

所謂平行線支票，係指支票經在正面劃平行線二道者，付款人僅得對金融業者支付票據金額，其主要目的在於支票遺失或被竊時，方便掛失止付及防止冒領，而平行

線支票之種類，可分為普通平行線支票及特別平行線支票，前者僅在支票之正面劃有兩道平行線；後者除劃兩道平行線之外，並在平行線內，記載特定之金融業者。

第1項即為普通平行線支票之定義，及其效力之規定。平行線支票之效力，因其種類不同而有異，在普通平行線支票，依第1項規定，付款人僅得對金融業者支付票據金額。

(二) 第2項為特別平行線支票之定義及其效力之規定：

依第2項規定，支票上平行線內記載特定金融業者，付款人僅得對特定金融業者支付票據金額。但該特定金融業者為執票人時，得以其他金融業者為被背書人，背書後委託其取款。

(三) 第3項為平行線支票之執票人非金融業者，得委託金融業取款之規定：

依第3項之規定，劃平行線支票之執票人，如非金融業者，應將該項支票存入其在金融業者之帳戶，委託其代為取款。

(四) 第4項為特別平行線支票應存入特定金融業，委託其取款之規定：

依第4項規定，支票上平行線內，記載特定金融業者，應存入其在該特定金融業者之帳戶，委託其代為取款。

(五) 第5項為平行線支票撤銷之規定：

依第5項之規定，劃平行線之支票，得由發票人於平行線內記載照付現款或同義字樣，由發票人簽名或蓋章於其旁，支票上有此記載者，視為平行線之撤銷。平行線支票之撤銷，必須具備下列要件：

　　1. 發票人簽名或蓋章於平行線旁。

　　2. 於平行線內記載照付現款或同義字樣。

　　3. 支票須未經背書轉讓。

　　惟由於第5項關於平行線之撤銷，僅規定劃平行線之支票，故特別平行線可否依此條爲撤銷？鑑於票據法並未明文限制僅有普通平行線得撤銷，故解釋上，特別平行線應亦可爲撤銷。

實例

　　張三於民國110年8月1日簽發付款行爲彰化銀行台中分行，面額新台幣一百萬元的普通平行線支票一紙交付予李四，作爲向李四購買電腦的貨款之用，請問李四應如何提示，始能順利取得票款？

(一) 依票據法第139條第1項規定：所謂平行線支票，係指支票經在正面劃平行線二道者，付款人僅得對金融業者支付票據金額，其主要目的在於支票遺失或被竊時，方便掛失止付及防止冒領，而平行線支票之種類，可分爲普通平行線支票及特別平行線支票，前者僅在支票之正面劃有兩道平行線；後者除劃兩道平行線之外，並在平行線內，記載特定之金融業者。

(二) 本例爲普通平行線支票，李四只能於法定期限內透過金融業者向彰化銀行台中分行提示請求付款，否則對背書人喪失追索權。

(三) 因此，李四須在任何一金融業者開立帳戶，將該支票存入其帳戶中，委託該金融業者向付款行彰化銀行台中分行提示，才能順利取得票款。縱然未能順利取得票款，亦可保

全對背書人之追索權。

(四) 若李四未在任何一金融業者開立帳戶，亦可委託有開戶之人，透過該第三人之帳戶，委託該金融業者向付款行彰化銀行台中分行提示，以便取得票款。

實例

　　承上例，李四若於彰化銀行台中分行開立有帳戶，得否委託彰化銀行台中分行提示取款？

(一) 本例爲普通平行線支票，彰化銀行台中分行得否兼爲提示銀行及付款銀行之問題，有正反二說：

　1. 肯定說

　　　存戶與金融業者之關係爲委任關係，普通平行線支票，若在當地有二家以上金融業者可資交換者，按一般委任法理，自金融業者受任而爲付款提示時起，固即發生提示之效力；惟若遇當地無其他金融業者，或金融業者恰爲付款銀行時，則該金融業者受託後一面居於提示銀行地位向其本身提示，一面居於付款銀行之地位而爲付款，與票據法第139條第1項規定之精神尚無違背。

　2. 否定說

　　　依票據法第139條第1項規定：所謂平行線支票，係指支票經在正面劃平行線二道者，付款人僅得對金融業者支付票據金額，既僅得對金融業者付款，若非由金融業者爲付款提示，不生提示之效力。肯定說所謂存戶交託之劃線支票與銀行內部轉帳之情形，仍係以執票人爲付款之對象，既非金融業者，原不得付款，更

無提示效力可言。

(二) 以上二說，應以肯定說爲妥，俾便利執票人交換票據並保全其追索權之行使，最高法院51台上581號判決亦採此見解。本例李四若在彰化銀行台中分行開立有帳戶，自可透過該行提示請求付款，彰化銀行台中分行受託後，一面居於提示銀行地位向其本身提示，一面居於付款銀行之地位而爲付款，自無不可。

實例

承上例，張三若僅於平行線內加蓋印章，未記載「照付現款」或同義字樣，是否發生撤銷平行線之效力？

(一) 依票據法第139條第5項規定：劃平行線之支票，得由發票人於平行線內記載照付現款或同義字樣，由發票人簽名或蓋章於其旁，支票上有此記載者，視爲平行線之撤銷。平行線支票之撤銷，必須具備下列要件：

  1. 發票人簽名或蓋章於平行線旁。

  2. 於平行線內記載照付現款或同義字樣。

  3. 支票須未經背書轉讓。

(二) 故平行線支票之撤銷，除了發票人須簽名或蓋章於平行線旁之外，尚須於平行線內記載照付現款或同義字樣，本例張三若僅於平行線內加蓋印章，未記載「照付現款」或同義字樣，不發生撤銷平行線之效力，最高法院50台上1661號判決亦採此見解。

實例

　　承上例，張三若於平行線內記載第一銀行台中分行，為特別平行線支票，此特別平行線支票得否撤銷？

(一) 依票據法第139條第5項規定：劃平行線之支票，得由發票人於平行線內記載照付現款或同義字樣，由發票人簽名或蓋章於其旁，支票上有此記載者，視為平行線之撤銷。平行線支票之撤銷，必須具備下列要件：

　　1. 發票人簽名或蓋章於平行線旁。

　　2. 於平行線內記載照付現款或同義字樣。

　　3. 支票須未經背書轉讓。

(二) 惟特別平行線支票得否撤銷？實務有正反二說：

　　1. 肯定說

　　　由於票據法第139條第5項僅規定平行線支票之撤銷，故特別平行線可否依此條為撤銷？鑑於票據法並未明文限制僅有普通平行線得撤銷，故解釋上，特別平行線支票應亦可為撤銷。

　　2. 否定說

　　　特別平行線支票於平行線內早已記載特定金融業者，若再記載「照付現款」或同義字樣，則付款行將難於判斷，故特別平行線支票不得撤銷。

(三) 以上二說，應以肯定說為妥，因平行線支票撤銷制度，係為便利執票人之利益而設，殊無區分普通或特別平行線支票之必要，且票據法第139條第5項亦僅規定：劃平行線之支票，得由發票人於平行線內記載照付現款或同義字樣，由發票人簽名或蓋章於其旁，支票上有此記載者，視為平行線之撤銷，並未排斥特別平行線支票。

第140條（付款人賠償責任）

違反第一百三十九條之規定而付款者，應負賠償損害之責。但賠償金額不得超過支票金額。

解說

　　依本條規定，平行線支票之付款有其限制，若普通平行線支票，向非金融業者付款；特別平行線支票向非特定金融業者付款，倘真正權利人因之而遭受損害時，則付款人應負不超過支票金額之有限度賠償責任，目的在保護真正權利之執票人。

第141條（空頭支票之處罰）

（民國七十五年十二月三十一日施行期限屆滿前條文）

① 發票人無存款餘額又未經付款人允許墊借而簽發支票，經執票人提示不獲支付者，處三年以下有期徒刑、拘役或科或併科該支票面額以下之罰金。

② 發票人簽發支票時，故意將金額超過其存數或超過付款人允許墊借之金額，經執票人提示不獲支付者，處三年以下有期徒刑、拘役或科或併科該不足金額以下之罰金。

③ 發票人於第一百三十條所定之期限內，故意提回其存款之全部或一部或以其他不正當方法使支票不獲支付者，準用前二項之規定。

④ 前三項情形，移送法院辦法，由中央主管機關定之。

解說

　　本條為空頭支票處刑罰之規定，已經廢除，仍收錄原條文供參考，並簡述如下：

　　所謂空頭支票即發票人於付款人處並無可處分之資金，而對之發行支票是也。空頭支票依本法第141、142條規定，本有刑事制裁，但行之有年不但未能遏止空頭支票之發行，反而徒增犯罪，監獄人滿為患，尤其男人做生意，用女人開空頭支票週轉，造成很多問題，因此，從76年1月1日起就廢除空頭支票之刑事制裁。

第142條（連續犯規定之不適用）

（民國七十五年十二月三十一日施行期限屆滿前條文）
依前條規定處罰之案件，不適用刑法第五十六條之規定。

解說

　　本條為空頭支票有刑事制裁時，不適用刑法第56條連續犯（註：刑法第56條已刪除）之規定，惟空頭支票之刑事制裁，已於民國76年1月1日起廢除，本條自亦隨之廢除。

第143條（付款人之付款責任）
付款人於發票人之存款或信用契約所約定之數，足敷支付支票金額時，應負支付之責。但收到發票人受破產宣告之通知者，不在此限。

解說

(一) 支票付款人並非支票債務人，無須負票據上之責任，但為強化支票之功能與信用，支票特設有直接訴權之制度。依第143條之規定：「付款人於發票人之存款或信用契約所約定之數足敷支付支票金額時，應負支付之責。但收到發票人受破產宣告之通知者，不在此限。」故執票人之直接訴權並非票據債務，而係民法上債務不履行之遲延責任，目的在保障支票之付款。

直接訴權行使之要件為：

1. 發票人之存款或信用契約所約定之數額須足敷支付支票金額。

2. 須未收到發票人受破產宣告之通知（票143但）。

3. 須付款人於付款提示期限內，為付款之提示而被拒。

4. 須付款人無正當理由而拒絕付款。所謂有法定正當理由，例如付款人對發票人拒絕往來、真正權利人之止付通知已經聲請公示催告、發票人已經死亡、執票人未於法定期限內為付款之提示、發票人已撤銷付款之委託等。

(二) 直接訴權之消滅時效，票據法並無明文規定，有謂應依票據法第22條第1項規定，自付款人拒絕付款之翌日起算一年；但另有謂支票付款人依第143條所負之債務，並非票據債務，而是民法給付遲延所負之損害賠償債務，故應適用民法第125條十五年之消滅時效。

第144條（準用匯票之規定）

第二章第一節第二十五條第二項關於發票人之規定；第二節關於背書之規定，除第三十五條外；第二章第七節關於付款之規定，除第六十九條第一項、第二項、第七十條、第七十二條、第七十六條外；第二章第九節關於追索權之規定，除第八十五條第二項第一款、第二款、第八十七條、第八十八條、第九十七條第一項第二款、第二項及第一百零一條外；第二章第十節關於拒絕證書之規定，除第一百零八條第二項、第一百零九條及第一百十條外；均於支票準用之。

解說

　　本條為支票準用匯票之規定，詳各該被準用條文之解說，茲不贅述。

國家圖書館出版品預行編目資料

票據法／林勝安，闕廷諭，王財驛著.--二
版--.--臺北市：書泉出版社,2021.12
面； 公分
ISBN 978-986-451-237-9（平裝）

1.票據法規

587.4   110016287

3TF6 新白話六法系列 019

票據法

作　　者— 林勝安(135)、闕廷諭(467)
　　　　　 王財驛(5.6)

發 行 人— 楊榮川

總 經 理— 楊士清

總 編 輯— 楊秀麗

副總編輯— 劉靜芬

責任編輯— 黃郁婷、李孝怡

封面設計— 姚孝慈

出 版 者— 書泉出版社

地　　址：106台北市大安區和平東路二段339號4樓

電　　話：(02)2705-5066　 傳　 真：(02)2706-610

網　　址：https://www.wunan.com.tw

電子郵件：shuchuan@shuchuan.com.tw

劃撥帳號：01303853

戶　　名：書泉出版社

總 經 銷：貿騰發賣股份有限公司

電　　話：(02)8227-5988　 傳　 真：(02)8227-598

網　　址：www.namode.com

法律顧問　林勝安律師事務所　林勝安律師

出版日期　2014 年 5 月初版一刷
　　　　　 2021 年 12 月二版一刷

定　　價　新臺幣 320 元